自ら考え育つ環境づくり

特例認定NPO法人
ASOVIVA

Parade Books

デモクラティックスクール
ASOVIVA!

教育理念「人は自ら学び育つことができる」

ASOVIVA!は、子どもたちが大人と対等な立場で主体的に運営するフリースクールです。クラス分け、授業、宿題、テスト、成績はありません。先生もいません。

自分がどう過ごし何を学びとするかは、自分で決めます。大人からの指示や活動の強制はありません。自らの意思で行動し、その行動の結果を引き受け対応していく責任を学びます。

スクール運営は毎日のミーティングで話し合いにより行われます。ルール作りや活動の提案、問題の解決方法や活動予算など、年齢に関係なくみんなが対等な立場で意見を出し合い話し合います。

デモクラティックスクールとは?

1968年にアメリカ・ボストン郊外で誕生したサドベリー・バレー・スクールが先駆けです。「子どもの成長のため、個人の自由を尊重すること」そして「関係者全員が平等に運営に関わること」を理念に掲げていることから、デモクラティックスクールと呼ばれており、そうした考えを取り入れたスクールの総称です。日本でも各地に広がりつつある公教育以外の学び場(オルタナティブスクール)の1つです。

もくじ

第7章　実践エピソード
――ASOVIVAにおける「心のレジリエンスを高める7つの要素」から見る変化や成長 115

はじめに「もう学校には行かない」

特例認定NPO法人ASOVIVAの代表理事である長村知愛（二〇歳）が、学校に行くのをやめる決断をしたのは、小五の三学期の始業式でした。

冬休み中に、もう学校に行くのをやめたいという話はしていましたが、「しばらく休んでまた学校に行ったら気が変わるかもしれないから、始業式だけ行ってみて自分がどう感じるか確認してから決めたらどう？」と母親に言われ、「行っても変わらないと思うけど」と言いつつ、始業式の朝、学校に行きました。

結果、意思が変わることはなく、学校から帰るなり「もう行かない」と宣言。自分を納得させるためではなく、親を納得させるための登校だったのです。

「はじめに」と「第一章」では、知愛の母である私、吉元かおりが当時を振り返って綴りたいと思います。

始業式の朝には、親も覚悟ができていました。実のところ、「始業式だけ行ってみたら？」という提案は、親側が心の準備をするための猶予期間でした。学校に行かない選択をすることを前向きに受け止めようとする一方で、「本当に大丈夫なの？」という不安に直面していました。

表面上は平気そうな顔をしながら、自分の育て方を責め、娘たちが寝静まった後の深夜のお風呂で泣き、あらゆるネガティブな思考をぐるぐると繰り返し、不安に押しつぶされそうになっていました。底の底まで不安と対峙してもう何も出てこなくなった時、頭のお喋りが止まって、シーンとした静寂の中に、膝を抱えてうずくまる知愛の姿が浮かんできました。本人ではない私がこんなに不安なのだから、知愛の不安とはいかほどであろうかと、ようやく大人の視点に立てたのです。

「私がこんなことではいけない」と心を奮い立たせ、「冬休みの間に自分の腹を決めよう」と自分に言い聞かせ、集められるだけの情報を集めました。本やネットの記事を読み漁るうちに、「世の中には様々な考え方がある」という、当たり前のことが見えてきました。

「不登校は病気」という人もいれば、「学校に行かない選択をした人は勇者だ！」という人まで、実に多様な考え方に触れることができました。人は思いたいように思って生きているのだから正解なんてない。学校に行く行かないに囚われず、ユニークで自由な精神で自分の人生を豊かに生きている人は、たくさんいるのです。私は自分が認識する世界がいかに狭いものだったかを知りました。

「私は、娘たちのオリジナルでユニークな生き方を応援し続けよう」

一度腹が決まってしまえば不思議なもので、未知なる扉が開いていくような、ワクワクする気持ちが沸いてきました。

ですが、学校に行かない日々を毎日自分で創るというのは、とてもエネルギーが要ります。その上、当の本人は不安や罪悪感、絶望感、自己否定などで二次障害を起こしていました。

「お父さんとお母さんを困らせてごめんなさい」と号泣しながら謝られる日々。頭皮を爪で剥がすから、いつも頭頂の生肌には血が滲んでいます。私が気にしていることに気づいたら、それがまたストレスになるだろうから、いつも知愛が座っている時に気づかれないように見て、皮膚の状況を確認していました。

顔面じゅうにチック症状が出て、お喋りをしていても目も頬も口も頻繁にひきつって歪む表情を見て、何度涙を堪えたことでしょうか。爪や指の皮も噛み続け、自室の机はボコボコに穴が開き、壁に貼ってある知愛の写真の顔は切り裂かれ、クローゼットからは雪崩のように物が溢れ出ていました。

「誰かが耳元で叫んでるねん！　ずっと怒鳴られてるねん！」と幻聴を訴えて泣き、ストレスで爆食いをして半年も経たないうちに二〇キロ体重が増え、現実逃避するためにハリーポッターの映画、そして動物虐待や人間が動物に襲われるものなどの刺激のある動画を何度も何度も繰り返し見続けていました。

相当のしんどさを味わっている我が子を目の当たりにし、「ここから進んでいける道なんてほんとにあるの？」と、途方に暮れる日々。幼い頃、あんなに自信満々で屈託のない笑顔を見せてくれていた子が、自分を否定し責めて苦しんでいる。その姿を毎日こんなに近くで見ているのに、サポートの手立てを見つけられずにいる自分を情けなく思いました。
ある日、泣きながら助けを求めてきた知愛の言葉が今も忘れられません。

「お母さん、わたしはどこに行ったらいいの？」

家に居たいわけじゃないんだ。この子は、行ける場所を求めているんだ。
学校に行っていない子が、引け目や罪悪感や不安を感じず、社会から分断されず、安心して堂々と通い過ごせる場所。そんな場所が必要なのだと、次の道が見えた瞬間でした。これが後に、ＡＳＯＶＩＶＡの立ち上げへと大人を動かしていく大きな動力の一つとなっています。

文科省は、これまでの価値観が通用しない、予測できない未来を生き抜いていくために「自ら学び、考え、判断して行動する人材を育成する」ことを目標に掲げ、二〇一九年三月に学習要領の改訂を発表しました。二〇二〇年度から、順次学校教育に導入されています。ＡＳＯＶＩＶＡでもこれらは生きていく大切な要素として捉え、学校からは遠ざかっていても、生きる力の土台を育める環境作りを目指して歩み続けてきました。

この数年を通して、子ども達に伝えるためには、まず大人が「自ら学び、考え、判断して行動しているか？」と自らに問い続けることがいかに大切かを思い知りました。

本書は、とある田舎の町で、必要に迫られて一つのフリースクールを立ち上げ、自分たちなりのコミュニティを手探りで創り続ける私たちが学んできたことをまとめています。子どもを真ん中においたコミュニティ創りを模索しながらやってきたら、関わる大人も次々と本来の自分を取り戻していく不思議な現象が起きていることにも気づきました。

五年目の節目となる年に、ＡＳＯＶＩＶＡでどんな文化が育ち、現場にいるスタッフはどんなことを感じ、どんな在り方を大切にしているかを振り返り言語化しています。ＡＳＯＶＩＶＡイズムが、これからコミュニティ創りを始める方や、子ども達と関わる方の参考になれば嬉しく思います。

文科省が定めた新学習要領より抜粋
○目標【自ら学び、考え、判断して行動する人材を育成する】
○三つの柱
・実際の社会や生活で生きて働く【知識及び技能】
・学んだことを社会や人生に生かそうとする【学びに向かう力、人間性など】
・未知の状況にも対応できる【思考力、判断力、表現力など】
○学び方の指針【主体的・対話的で深い学び】

第1章

ASOVIVAのあゆみ

『無いなら創るしかない！』

ＡＳＯＶＩＶＡがある地域には、二〇一五年当時はフリースクールがありませんでした。教育委員会が設置している適応指導教室はありましたが、利用するためには学校や教育委員会との調整が必要で、子どものニーズを満たすには難しい面がありました。

他市のフリースクールを利用した時期もありましたが、ストレス度が高い状態で感覚過敏症状がひどく、自分で電車を乗り継いで行くことが困難でしたし、仕事で送迎できない日も多かったため、自分たちが暮らす地域にフリースクールがあればいいのにという思いが日増しに強くなりました。

「無いなら創るしかない。自分たちで創ろう！」という意気込みだけはありましたが、必要なものは何もありませんでした。場所も資金も、ノウハウもコネも、何も。でも目の前には行き場所を求める子どもがいる。家族以外の人との関わりは、子どもの成長にとって欠かせない要素だという思いも強く、とにかく何もなくてもできることから始めようと、母娘で話をしました。

「すぐにスクール作りはできないけど、できることをやってみよう。知愛は、どんなことがしたい？」と問いかけると、「森で過ごしたい」という言葉が返ってきました。

真っ先に思い浮かんだのは、低学年の時に友人と遊びに行ったことがある、近くの山間部で里山体験ができる「結の里」の森と、運営者のはるかさんの顔でした。

「よし、結の里に行こう！」と、すぐに連絡をして、数年ぶりに結の里を訪れました。

森で過ごしながら話を聞いてもらううち、はるかさんも子育て期に子どもさんの不登校を経験されていたことが分かりました。始めの頃は学校に行かせようとしていたけど、「生きてるだけでいいって思えるようになって、すごく楽になったのよ」と、ご自身の経験を聞かせてくださいました。

そして、「平日なら活動場所に使ってくれていいよ」と快く応じてくださり、結の里での「里山がっこう」がスタートしました。二〇一五年三月のことです。

初めて飯盒でご飯を炊いた日、木の枝を飯盒の蓋に当て、伝わってくる振動でご飯が炊けるタイミングを知ることを教わりました。知愛は真剣な表情で振動を感じ取り、

「今かな？」と火から降ろしました。炊き上がったご飯は、ふっくらツヤツヤ。知愛は、「今までに食べたどんなご飯よりも美味しい」と感動していました。

何十回も「美味しい！　美味しい！」と喜んでご飯を食べる姿を見ながら、涙をがんばって堪えていました。こんなに元気な笑顔を見れたのはとても久しぶり。「楽しい」「美味しい」「嬉しい」「心地よい」と感じられることが、こんなにも生命力を与えてくれるのだと感動しました。

里山がっこうは多くても週一回で、それ以外に「居場所」として使える場所探しも始めました。自分たちの活動を「育みネットカラフル」と名付け、知愛にマスコットキャラクターを描いてもらいました。カラフルとういい名前には、「十人十色にその人らしく過ごせますように」という願いを込めていて、マスコットには「といろちゃん」という名前がつけられました。「泣いたり笑ったりいろんな時があるけど、どんな時にも、どの人にも、頭には王冠が載っているんだよ。誰もが自分自身の王様なんだよ」という、知愛からのメッセージが詰まっていました。

『選択肢のひとつを』

カラフルの活動は、フリースクールを立ち上げるための土台作りになりました。一緒に運営に携わってくれる親子にも出逢え、人とのご縁が少しずつ広がりました。応援してくれる人、同じ悩みや目的を持つ人たちに出逢えたことは、何より大きな励みとなりました。

「この地域にフリースクールを作ろう」と思う人たちと、「作る人がいるなら応援したい」と思う人たち。考え方や立場はそれぞれ違うものの、大きな方向性は一致している。そんな人たちが少しずつ集まって、個人での活動からみんなでの活動へとシフトしていきました。

二〇一七年一二月に準備委員会を発足させ、翌年から勉強会や座談会などのイベントを数回重ねました。三月の最後の集まりでスクール名の候補を出し合い、「ASOVIVA」という名前が満場一致で誕生しました。ここからASOVIVAとしてのあゆみが始まります。

どんなスタイルのスクールにするのかは、実行委員で随分話し合いました。幾つかのスクールに視察に行き、お話もたくさん聞かせていただきました。デモクラティックスクールについては大人同士でも賛否両論あり、意見が食い違うこともありました。しかし自分たちでも始められる形態であることと、子ども達に課す制限がとても少ないこと、子ども達と相談しながら作っていけることに大きな魅力と可能性を感じ、デモクラティックスクールを選びました。

兵庫県の「デモクラティックスクールまっくろくろすけ」さんに視察に行った日、ちょうど大きなスクールミーティングが開催されていました。五才くらいから高校生までの子ども達とスタッフが、対等な立場で話し合う様子を目の当たりにしました。

幼い子どもの意見も真摯に受け止め、「もっと遊びたいから時間を伸ばしてほしい」という議題に、中学生の男の子が「俺もそうやったから、気持ちはめっちゃ分かる。でもその分のスタッフの人件費どうするかがネックだね」と、気持ちを受け止めた上で、具体的に考える必要がある要素を提示している姿や、幼い子どもが「多数決はイヤだ。ぜったい僕が負けるから」と、丸椅子の上に立って訴える姿。大きな衝撃と感動に包まれたあの場面は、今でも昨日のことのように覚えています。

デモクラティックスクールをしているからといって、学校や他の様々な教育法を否定する気持ちはありません。自分たちが何もかもできるわけではありませんから、「一つ選んで実行するならこれ」というものを選んで取り組んできたに過ぎません。たくさんある選択肢の一つになりたい。自分に合った学び方を自分らしくカスタマイズしていける社会、それを認め合える社会を創っていきたいという思いが、始めた頃からずっと変わらずにあります。

ASOVIVA年表

2017年	12月	森のがっこうを創ろう準備委員会発足
2018年	1月～3月	勉強会、座談会などを実施。 3月に名称を「ASOVIVA」に決定。
	4月	千早赤阪村内の山で活動場所を お借りして整備開始。現在「びばっぱ」の 名称で整備開拓を継続中。
	9月	千早赤阪村で一軒家の二部屋を 間借りし、週2回のプレオープン開始。
2019年	1月	法人設立総会開催
	4月	スクール正式開校（在籍メンバー7名）
	5月	特定非営利活動法人ASOVIVA設立
2020年	3月	河南町寛弘寺の古民家に移転
2021年	11月	大阪府より特例認定NPO法人の承認を 受ける
2022年		大阪府「NPO等活動支援による 社会課題解決事業」に採択される
	9月	NHK Eテレ番組「おとなりさんはなやんでる。」【不登校学びはどうする？】で取り上げられる
2023年	3月	スクールの近くにコミュニティカフェ 「くつろぎ自由研究室」を開設

第2章

ASOVIVAの環境はどのようにして作られてきたか

行当たりばったり

『今の場所に辿り着くまで』

二〇一八年の春、「来年の四月にスクールを開校します！」とＳＮＳなどで宣言していたものの、活動拠点は見つかっておらず、無償で借りられることになった千早赤阪村の山中にある広い竹藪があるだけでした。

ノコギリを手に、一本ずつ竹を切り倒して焼く整備の日々。それでも、「屋外でも場所があればできることがある！」心は晴れやか。小屋や野外キッチンを作ろうと張り切っていました。手強い竹と悪戦苦闘しつつ、古民家の空き家情報が入ると物件を見に行きましたが、資金のない私たちには手が届かなかったり、無料同然だけど床が抜けていたり、山奥過ぎたり、屋根や壁が崩れていたりと、なかなか良い物件に出会えずにいました。

夏になり、ようやく一筋の光が差しました。千早赤阪村の住宅街で暮らす知人の一軒家を、平日の日中に限り間借りでシェアさせてもらえることになったのです。一階の和室二部屋とキッチンが使えることになり、九月から週二回のプレオープンとして定期的な活動が始まりました。

理想は素敵な古民家を夢見ていましたが、「まずはここで始めてみなさい」と言われているように感じました。今の自分たちに見合った場で充実した活動ができたなら、きっと次に繋がっていくと信じました。数名の子ども達と活動内容を話し合い、小さなホワイトボードに予定を書き込みながら、自分たちの思うように日々を創っていく楽しさを経験するのに、その場所は十分に快適で機能的でした。

大家さんも子ども達の育ちや学びに熱心なご夫婦で、理解を示し、温かく見守ってくださっていました。始めてすぐの頃、米国の教育者であるご主人から「トーキングサークル」というネイティブアメリカンの対話の手法を教わりました。

みんなで輪になり、トーキングスティックと呼ばれる棒や羽を持っている人が話をします。その人が話している間、他の人は発言をせずに心を傾けて聞きます。参加している全ての人に発言の機会が巡ってきますが、話したくない人は次の人にスティックを手渡します。ＡＳＯＶＩＶＡのミーティングの進め方は、このトーキングサークルが土台となっています。

その年の暮れ、状況に変化がありました。大家さん一家が予定よりも早く米国に帰国することになり、その家をASOVIVAが引き継いで借りるか、別の場所を探すかの選択を迫られたのです。一軒まるごと借りる家賃を払っていくのは厳しい現状でしたが、振り出しに戻って場所探しをするよりも、二階建て7DKの広いその家をまるごと使って、充実した環境を目指す方がいい。当時のスタッフ二名で電話で話し合った時、迷うことなくその決断に至りました。同時に、いずれは法人化を目指そうと考えていたのを前倒しにし、四月の本格開校と同時期の法人化を目指そうと決意しました。

法人化に必要な役員や社員になってほしい方にお願いや相談をし、必要なことを教わり、翌年の一月にはNPO法人の設立総会を開催。まだ認可も降りていない三月に設立パーティーを開き、四月にスクールの本格開校、五月に法人設立。何もかも初めてでしたが、周囲の人に助けてもらいながら、進めることができました。

『理想的な古民家との出逢い』

四月の開校時は七名だったメンバーが、翌年が明ける頃には十名ほどに。場所の余裕はまだありましたが、突然、次への扉が開かれることになりました。忘れもしない、二〇一九年二月二十一日。理事の皆さんと和歌山県紀の川市にある創-HAJIME-café（運営：社会福祉法人一麦会 麦の郷）に視察に行きました。築百年を越える歴史ある素晴らしい日本家屋が、若者たちの自立支援に生かされていることに、とても感銘を受けました。

「やっぱり、こういう場がいいですよね」と、美味しいランチをいただきながら、ASOVIVAのこれからのビジョンを語り合っていました。すると、一人が急に思い出して言いました。

「こういう大正ロマンの古民家、そういえば隣町に一軒ある」

その言葉に、一同ざわめき立ち、その日の帰りにすぐに見に行きました。大家さんとは連絡がつきませんでしたが、とにかく見るだけ見てみようと。家の前に着くと、なんと大家さんが入り口の辺りで草むしりをされていて、事情を伝えるとにこやかに家の中を案内してくださったのです。まるで私たちを待ってくれていたかのようでした。

三百坪の広い敷地には庭や畑があり、茶室やお洒落な洋室も含めて多くの部屋がある立派な家屋。ぐるりと部屋を囲む縁側のガラスは全てアンティークで、緩やかに波打つように優しく外の光を取り込んでいます。

「ガラスがうねってる！　広い！　すごい！　ここがいい！」

有無を言わせない圧倒的な魅力を前に、現実的な条件は何も考慮されることなく、みんなの心が「この家がいい！」と共鳴してしまったのです。

数日後、改めて子ども達と下見に行き、その思いは確信と決意に変わりました。

子ども達は目を輝かせ、飛び跳ねて喜び、思い思いに好きな場所を見つけて座ってお喋りをし、庭を駆け回り、「来週からここがＡＳＯＶＩＶＡ!?」と満面の笑顔。

大人たちを動かす原動力は、いつだって子どもたちの純粋な願いです。スクールの運営状況を考えたら厳しいのは誰の目にも明らかでしたが、子どもたちのあの素敵な姿を見てしまったら、もう心を変えることはできません。家の魅力もさることながら、子ども達が発する魅力もまた、有無を言わせないものがありました。

当然「この家に移りたいのは山々だけど、一年ほど先送りにするのが現実的だと思う」という意見も出ました。「どうすれば可能にできるかを考えたい」と食い下がり、話し合いを重ねて、クラウドファンディングで移転資金を募ってみようということになりました。

クラウドファンディングを経験した人は一人もいませんでした。見よう見まねでプロジェクトの原稿を書き上げ、大急ぎで申請し、一か八かの大挑戦の準備を開始。

同時進行で引っ越しの準備です。契約や運搬の手配、諸手続き。何をどのようにしてあの一カ月をこなしたのか、今となってはほとんど思い出せません。初めて家を見に行った日からわずか三十六日後、クラウドファンディング開始の三日後にＡＳＯＶＩＶＡは現在の古民家に移転しました。

親戚にトラックを出してもらい、運搬は全て自分たちで。たくさんの人が助っ人や差し入れに来てくださって、大変だけど楽しくて嬉しくてたまらない。みんながそんな思いでした。

子ども達はみんな大活躍してくれて、「荷物入れる前にきれいにしたい！」と、移転前に縁側の床やガラス戸をピカピカに拭いてくれていた姿が今も思い出されます。

四月末まで実施したクラウドファンディングは、手渡しや直接振込みも併せ、一〇九名の方から合計一一四万九千円のご支援をいただきました。目標金額百万円を越えた分は、子ども達が新しい場所に欲しいものを購入させてもらうことにしました。子ども達が真っ先に購入したのは、ＡＳＯＶＩＶＡじゅうに置かれている、五台のハンモックでした。

『場・研究論文から（布施和樹氏）』

移転して数カ月後に開催したパネルトークイベントに、一人の大学生がやってきてくれました。大阪公立大学の建築学科で学ぶ布施和樹さんです。彼は卒業研究論文のテーマ「フリースクールの活動からみた農村地域のオルタナティブ教育環境としての可能性」についての調査校の一つにＡＳＯＶＩＶＡを選んでくれました。

三日間ＡＳＯＶＩＶＡに通い、「みんながこの環境でどのような動きをしているか？」を観測して記録を取り、それを元に「場がどのように子ども達の成長や学びに影響を与えているか？」を考察する研究です。

その調査結果から、自然や田畑の多い農村地域であることや、広い敷地、部屋数の多い日本家屋の間取りが、子ども達の活動内容や活動の広がりに大きく影響していることが分かりました。

実際、古民家に移転後の子ども達の動きには変化が起きていました。中高生たちも、

「こっちに来てからスマホを見る時間が減った」と気付いて驚いていました。

何となくの実感として「環境の影響って大きいなぁ」と感じていたことを、布施さんの研究でも裏付けてもらえました。

研究の約二年後から、びばっぱの開拓整備やくつろぎ自由研究室の改装など、さまざまな活動に加わるようになってくれた布施さんの視点で、研究当時や今のＡＳＯＶＩＶＡについての考察を書いていただいたのでご紹介します。


『研究を通じて多様な活動と空間の関係性が見えてきました。ここでは重要な点を二点示します。

一つ目は「公」の空間と「個」の空間のバランスです。十人十色な子どもたちはそれぞれ「やりたいこと」が異なります。そのため、子どもたちの主体性を尊重するためには自分自身で他者との距離感を調整できる環境であるかどうかが重要です。ＡＳＯＶＩＶＡの民家はいわゆる「古民家」と言われて想像する襖や障子で仕切られた、変容可能で連続的な空間と増築によって備えられた個人的な空間が複数箇所ずつあります。

一人になりたければ一人になることができ、走り回りたければ走り回ることができます。「公」の空間で活動をする中で違和感を感じれば他の場所に移動できます。自由や主体性を重視する想いと、それに対応した空間があるからこそASOVIVAでは「公」の空間でも子どもたちは自由にやりたいことを実行可能なのです。

ASOVIVAの活動空間のような多様な空間が子どもたち一人一人が自分のペースで「やりたいこと」を叶えるために重要なことがわかりました。

二つ目は都市近郊の農村地域という場所性です。大きな庭の近くには川もあり、車で一五分の距離に竹林もある一方で、徒歩圏内にコンビニ、車で一〇分圏内にスーパーマーケットなどもそろっています。そのため、自然に興味がある子どもや料理に興味がある子どもたちの要求に、場所が応えることができます。』

布施さんの研究から見えてきたことは、全国的に社会課題となっている「増え続ける空き家問題」と「第三の居場所の必要性」を掛け合わせることで広がる新たな可能性です。また、古民家ではなくても、構造的な工夫をする上でとても参考になる視点だと思います。

和室で宿泊合宿企画ミーティング。ビデオ通話で参加の子も。

キッチンで談話やゲームをすることも。スタッフが常駐し人の出入りが多い。

揉め事が起きたらその場で話し合い。この日は布施さんが対応してくれていました。

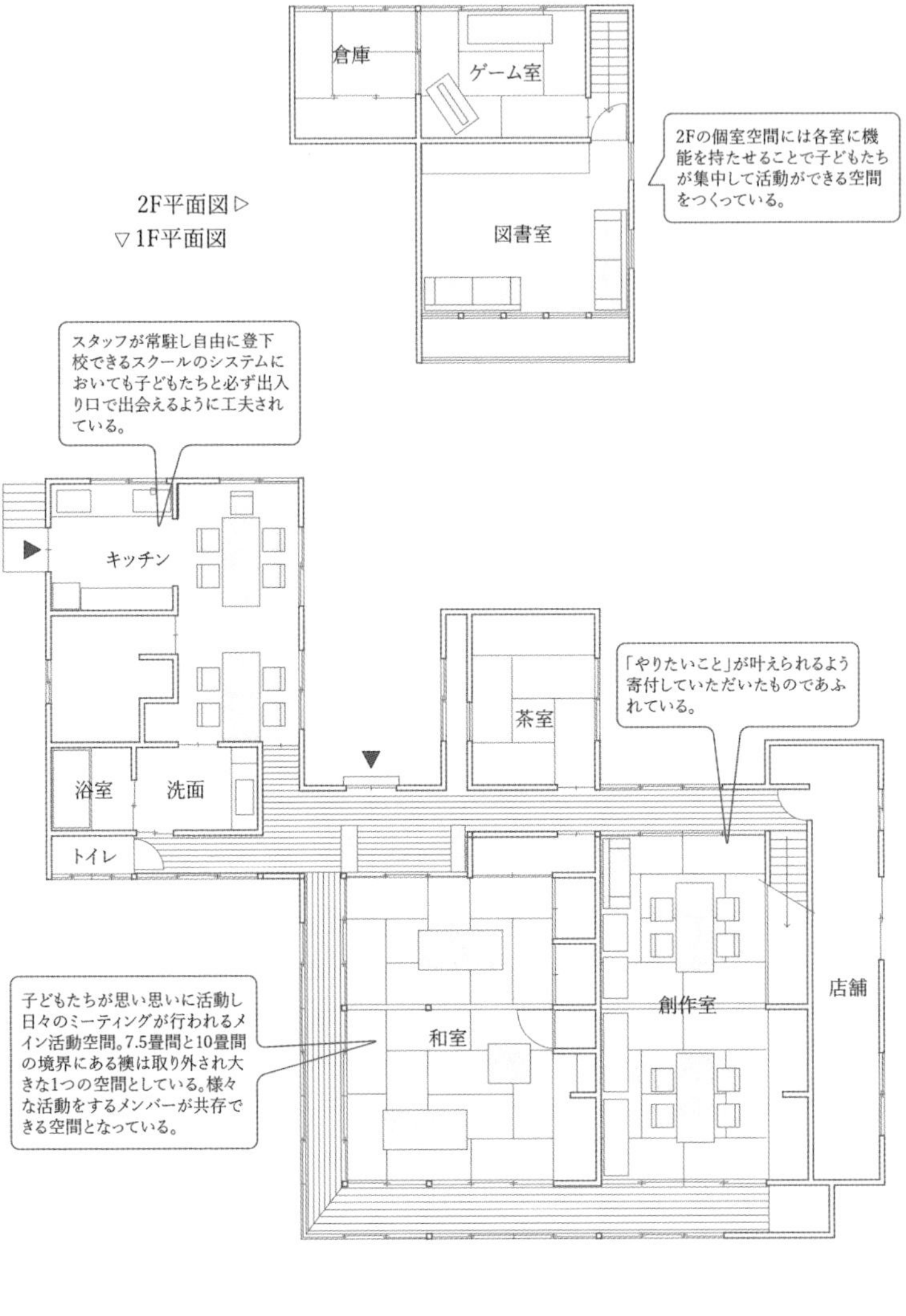
倉庫
ゲーム室
図書室
2Fの個室空間には各室に機能を持たせることで子どもたちが集中して活動ができる空間をつくっている。
2F平面図▷
▽1F平面図
スタッフが常駐し自由に登下校できるスクールのシステムにおいても子どもたちと必ず出入り口で出会えるように工夫されている。
キッチン
茶室
「やりたいこと」が叶えられるよう寄付していただいたものであふれている。
浴室
洗面
トイレ
創作室
店舗
和室
子どもたちが思い思いに活動し日々のミーティングが行われるメイン活動空間。7.5畳間と10畳間の境界にある襖は取り外され大きな1つの空間としている。様々な活動をするメンバーが共存できる空間となっている。

『物・あれもこれも、いただき物』

スクールを始める時、私たちには何もありませんでした。一軒屋の二部屋を間借りしていた頃は、大家さんの生活空間でもあったため、あまり物を置きっぱなしにすることはできませんでしたし、新たに物を買う資金もありませんでした。

一軒丸ごと借りることになり、ようやく物を集める時期がきました。使える部屋がダイニングキッチンの他に六部屋もあったので、どの部屋をどう使うかをみんなで相談しました。

一階に音楽室、ミーティング室、多目的室を。二階の部屋はそれぞれ、図書室、創作室、ゲーム室に決めました。まだ各部屋には何もありませんし、毎月にみんなで使える子ども費は当時五千円ほどでした。そこで、SNSで皆さんにお願いしてみたのです。

部屋の写真を掲載し、音楽室にはまだハーモニカ一台しかないことや、図書室には本どころか本棚もないことなどを伝え、もう使わないけどまだ使えるものがあれば譲ってくださいと発信しました。

すると、多方面から続々と物資が集まってきたのです。あれよあれよと言う間に、図書室には立派な本棚や本棚代わりになるリンゴ箱、それらに入り切らないほどの本が集まりました。ゲーム室にはパソコンやTVにゲーム機。創作室には手芸や工作に使う道具や材料。そして音楽室にはキーボードにドラムセットまで。

それも中古品だけではなく、新品のプレゼントも多くありました。

マックのノートパソコンが届いた時、触ったこともなかった当時小六の男の子が、使いたい一心で必死でセッティングをしました。初めて入れたゲームはマインクラフト。当時小一だった男の子も、ほぼ誰にも教わらず、このマインクラフトを通してパソコンの使い方やタイピングを習得していきました。

中三だった女の子は、当初はほとんど誰とも関わらずに一日中図書室やベランダで本を読んで過ごす日々がありましたが、次第に人狼ゲームなどをみんなとするようになり、打ち解けていきました。

少しずつ物の環境が充実していくことで、子どもたち個々の興味関心に沿った活動ができるようになったり、お互いに感化し合って交流が生まれるようになりました。

今の拠点にも、当時に頂いたものや、頂いた寄付金で購入したものがたくさんあります。

マイクやマイクスタンド、アンプなどの音楽機材は、音楽好きな子が、頂いた予算で買えるベストの物を一生懸命調べて購入し、大切に使い続けています。

全部は書き切れませんが、ASOVIVAのどこを見渡しても、誰かが贈ってくれたもので溢れていて、ひとつひとつに誰かの思いやエピソードがあります。今通っている子ども達はそのことを知らない子が多いですが、私たち大人が、とても豊かな環境で過ごせていることへの感謝や喜びを忘れずにいることで、安心や居心地の良い空間となって子ども達をまるっと包んでくれているのだと感じています。

『人・もっとも重要な環境要素』

場所と物という環境を生かすも殺すも、そこに居る人次第。また、発達段階の子どもたちは、身近にいる大人が持つ価値観や振る舞いを敏感に感じ取りながら自分の価値観を作っていきます。

子ども達同士も影響を与え合いますが、大人が与える影響はとても大きいものです。学校でも、担任の先生によってクラス全体の雰囲気が変わったり、担任が変わることで子ども達の心の状態に変化が起きることはよくあります。

ASOVIVAでは、スタッフやボランティア、外部講師、保護者、サポーター、子ども達に関わる全ての大人を、最も重要な『人的環境』だと捉えています。

その中でも影響が大きいのが子ども達の保護者です。親と子は、お互いの人生そのものに大きく影響し合う同士であり、お互いの教師です。子ども達の様子から、それぞれの家庭の価値観や、愛着形成が垣間見えてきます。また、スクール内の人間関係やコミュニケーションにも、各家庭の価値観が影響しています。

関わりが深まるにつれ、それぞれの子どもや家庭の背景が見えてきて理解も深まっていきますから、スタッフはそれらを考慮しながら見守りや関わりをしますが、子ども同士の世界ではお互いの背景などは見えていません。それも踏まえた上で、子ども達が主体的に観て感じて考え、選択して決めていくコミュニティのスタッフとして、また、影響を与える人的環境の一人として、どのような関わりをするのが良いか？

子ども同士のやりとりに、どこまで、そしてどのように介入していくかは、一人一人が違う個性や背景を持つ者同士ですから、画一的にマニュアル化することができません。

この数年間、スタッフそれぞれが日々のいろいろな場面で悩みながら取り組んできたことであり、正解の分からない、永遠のテーマでもあります。

第3章

ASOVIVAイズムを語るための用語集

運営チームが言葉を共通認識するために作ってきた解釈集

『言葉って難しい』

同じ言葉を使って話しているると、理解し合えていると思い込んでしまうことがあります。でも、そもそも言葉の捉え方が違っていると、お互いに違う意味合いのことを伝え合い、分かり合えたつもりで過ごし、何かのタイミングで「理解し合えてなかった」「違うものを見ていた」という事実に直面してしまうことがあります。

当たり前のように使い勝手よく使っている言葉ほど、その認識を共有していることはとても大切です。この章では、現場を担っているスタッフの個々の言葉の捉え方を出し合って擦り合わせ、【ＡＳＯＶＩＶＡとしてはどういう認識とするか】を言語化したものをご紹介します。言葉は生き物です。時代と共に意味合いが変化することもあり、それぞれの育ってきた背景によっても違う色付けがされていたりします。

一つの言葉について話し合うだけでも、お互いの価値観や考え方を知ることができて絆が深まっていくので、皆さんにもお勧めしたいワークです。

あなたにとって【自由に生きる】とは、どういう生き方でしょうか？　ある子が話してくれたことがあります。

「『自由に生きてほしい』って大人は言うけど、たぶんその人にとっての『自由に生きる』って、ふつうに小中高って学校を卒業して、大学にも行って就職した上で、好きなことをしたらいいでしょってことだと思う。でも私にとったらそれは『自由に生きる』ということではないから、いくら話しても話が噛み合わないんだと思う」

使っている言葉の意味合いがちょっと違う気がすると感じた時に、「〇〇ってどういう意味で捉えてる？」とお互いの文脈について対話できる関係性であれば、理解を深め合い、それぞれの価値観や考えを尊重し合って対話を続けることができます。

子どもだから「分かっていない」「知らない」「教えないといけない」と決めつけて説き伏せようとしたり、対話を深めようとしなければ、子どもの心は離れていくばかりです。大人同士でも同じで、相手がどんなことを大切に思っているかを知りたいと思うことから、対話は始まっていくのだと思います。

それでは、現在のＡＳＯＶＩＶＡにおいての用語解釈集をお楽しみください。今後、また微妙に変化していくこともあると思いますが、今の私たちが大切にしている言葉たちです。

【自由】

「自分はどう在りたいか?」「どうするのか?」を自分の意思に従って選び決めること。但し、それが尊重され委ねられていると、本人が感じられている心理的に安全な環境や、自分自身に自己選択を許していることが重要だと捉えています。

【責任】

日本では「責任」という言葉は、義務や責めを負うといった意味合いで使われることが多いように思います。何かの責任を負う時、その行為が「自由な選択」の結果であるなら、当然ながらその結果は自分で引き受ける必要があると思います。ですが選択肢が限定されていたり、本当に選びたいものを除外されている状態で、半ば強制的に選ばされたものごとの結果まで、その責めを負わされるような風潮が日本社会にはあるように思います。

選択する時の状況は考慮されず、結果だけで判断されることもある「自己責任論」と、ASOVIVAで扱っている「自由と責任」は少し意味合いが違います。また、「責任」という言葉の語源を辿ってみると、元々は「相手に反応する力」「対応する力」「約束を守る」「信頼」といった意味合いが含まれる言葉のようです。

ASOVIVAにおいての「責任」とは、「自由に選べる状態で自分の意思で選んだものごと」の結果を、誰かのせいにしたり、誰かに任せっ放しにせず、最後まで自分事として捉え、誰かに頼ることも含めて、どのように対応するかを自分の意思で選ぶ力と考えています。

【自律】

辞書で「自律」を引くと、「他からの支配を受けず、自分自身で決めた規範に従って行動すること」とあります。反対に「他律」とは、「他からの命令や強制、他者が決めた規則に従うこと」とあります。自律と他律は、言い換えると自分軸と社会軸ということでしょうか。

私たちも、自律は大切なことだと捉えています。自分のことを決める時に「こういう自分で在りたい」「こういう人間になりたい」という自分の思いを自覚できていて、その状態へ向かって自分で自分をコントロールしながら最善の行動を選んでいける力。大人である私たちがまず、自分に育んでいきたい力です。

【社会的自立】

「ASOVIVAでは学校へ復帰することを目的とせず、社会的自立へ繋げることを大切にしています」といった伝え方をよくするのですが、私たちが思う社会的自立について掘り下げてみます。

一般的に自立とは「他の助けや支配なしに自分一人の力だけで物事を行うこと」とされていますが、それは人との関わりという面で捉えると「孤立」に向かうこととも言えます。自分が不得手なことは他者に頼ることは、他者が活躍する機会を提供することにもなります。強みも弱みも、どちらも人と繋がるための大切な要素であり、強みが弱みになる時もあれば、その逆も起こります。

文科省によると、「社会的自立とは社会の一員として責任ある行動をとり、人との関わりの中で合意形成すること」と表現されています。「社会とは何か？」と定義することは難しく、自分たちが日々過ごしている小さなコミュニティも社会ですし、自治体や国といったとても大きな社会もあります。

ＡＳＯＶＩＶＡでは「自分はどんな社会で生きたいか？」「自分が属する社会に自分はどのように参画していくか？」を主体的に捉えることができていることが自立であり、責任とは前述の通り自分で選んだことに対して起きたものごとの結果を引き受け、必要に応じて対応する力であり、合意形成する力とは、対話する力だと捉えています。

以上のことから、「社会的自立」とは、「自分が属する様々な社会に主体的に参画し、他者と健全に関わり合い、対話する力を有すること」であると考えます。そのために一人では難しい要素があるなら、制度や他者の力を借りることも、「社会的自立」にとって大切なことです。「人に頼ってはいけません」というのは、健全な自立から遠ざける言葉です。

【主体性と自主性】

「子ども達に主体的に学ばせたい」という場合、「学ばせたい」と言っている人が主体者です。学びたいかどうかを本人が決めることが主体性なので、**他者の意図で「させら**

ます。

れる」ことの中に主体性は存在することができません。これは自主性の話になると思い

自主性

・決められたものの中から自分で選ぶ
・指示された通りに自分で動く

ある公立中学校の修学旅行のしおりの最後のページに、生徒が自分の行動を振り返るための欄がありました。幾つかあるチェック項目の中に、「しおりを見て自分で考えて動けたか？」という項目がありました。中三の人たちを相手に、信頼や尊重の感じられない、とても失礼な質問です。

そのしおりには、「何時何分にどこにどのように並び、何時何分に何をするか」について、時間と行動が細かく指示されていました。

「自分で考えさせない」ように指示していながら、「自分で考えて動けたか？」と振り返らせるのは、大きく矛盾しています。

指示通りに動くことは自分で考えることとは違います。この場合は、「しおりを見て指示された通りに自主的に動けたか？」という表現なら矛盾がありませんが、こういった振り返りをさせることは必要なのかという疑問は残ります。何のために、させるのでしょうか？

「自分で考えるとはどういうことか？」「これは何のためにさせるのか？」とじっくり考えてみる時間があるといいですね。

主体性

・課題を発見し、その課題を解消するために行動する
・決められた枠組みのない状況で何かを選ぶ
・指示や命令のない状態で、内発的な動機によって発露される意思

ASOVIVAでは、子どもも大人も、誰もが自分の人生の「主体者」として一人一人の主体性が尊重されています。ですが、みんなで共有している物事を守っていくために必要なルールに関しては、自主的に行動することが求められます。行動できない場合

はスタッフが横に付いたり、声掛けをするなどの役割を委任されています。時には他のメンバーが主体的に声かけやフォローをしてくれることもあり、とても助けられています。

【ルール】

開校した時、ルールは一つもありませんでした。ルールは、その場を共有する人たちが過ごすために必要な約束事なので、何か困ったことが起きたら話し合おうというスタンスでした。みんなが思い思いに好きなことをして過ごす場ですから、いろいろなことが起きます。

最初にミーティングに出された困りごとは「片付け問題」でした。使いっぱなし、出しっぱなしの物が増えていました。

「片付け問題」による困りごとは、大きく分けると三つあります。

①片付けられていない物を次に使いたいと思った人が、どこにあるか分からなくて困る。または、すぐに使える状態ではなくて困る。

②片付けられていない場所を次に使いたいと思った人が、スペースが無くて困る。
③散らかっている状態にしんどさを感じる人の、環境に対するストレスが大きくなる。

当時のメンバーで話し合った結果、「使ったものはすぐに片付ける」というルール第一号が誕生しました。そんなルールが出来たからといって、すぐにみんなが片付けられるわけではありません。ペナルティーがあれば少しは効力があるかも知れませんが、誰かが監視や管理をしないといけませんし、有効なペナルティを話し合って決めて、それを実行していくのも大変なことです。

実は開校から五年目の今も、片付け問題は続いています。メンバーの顔ぶれは変化していきますし、年齢や感覚によって「片付け」に対する意識はバラバラだからです。片付けに関しては、幾度となく議題が出され、その時々に新たな取り組みが試されながら今に至ります。

つい最近では、「和室のごみ箱があふれている」問題が議題に出され、週二回のごみ回収でもあふれないように、和室だけダンボールの大きなごみ箱が設置されました。

ルールを作る方が良いのか、何か対応策を考えて施行する方が良いのか？　ルールばかり増えても、守れないルールでは意味がありませんから、ルールを作る以外の方法も併せて、みんなで考えます。

ＡＳＯＶＩＶＡにおいてのルールとは、誰かが取り締まったり、管理しやすくするためのものではなく、その場で主体的に過ごす人同士で必要に応じて話し合いながら決めていく約束事。必要が生じる度にみんなで考えながら作っていくもので、物事の判断基準を明確にするためにも、ルールはとても大切にしています。

【対等】

一人の人として、お互いに等しく大切な存在。対等とはとてもシンプルなものだと捉えています。年齢も世代も得意不得意も様々ですし、子ども達とスタッフでは役割や立場も違います。それでもどちらが偉いとか、上とか下とかはありません。能力などの平等性ではなく、人としての扱われ方がどうか？という視点です。

年下だからって、年上の人から偉そうに振舞われる存在ではないし、年上だからって、年下の人の面倒を見させられたり、我慢させられたりする存在でもありません。

「目上の人には敬意を表しなさい」という価値観ではなく、「どの人も、誰からも、敬意を表される存在」「お互いに、相手の上にも下にも立たない」という価値観です。

【学び】

学びって何でしょうか?

この問を、ぜひ身近な人たちと意見交換してみてほしいと思います。素晴らしく多様な言葉が出てくることと思います。ASOVIVAでも何度か話し合ってきました。

例えば、助成金で初めてiPadを買うことができた時、使い方のルールを決めるために随分と話し合いました。iPadは、ゲームやクリエイティブな作業、調べものなど、多用途に使うことができます。子ども達はまず、「学びに使う人が優先的に使えるようにしよう」と決めました。すると、「何が学びか?」という線引きで悩むことになりました。

ゲームも何かしらの学びにはなっているかも知れないけれど、他の機器でも出来ることなので、優先順位を低くすることは、みんなが同意しました。イラストを描いたり、動画の撮影編集などは優先順位が高いということも異論は出ませんでした。「じゃぁ、塗り絵は？」と誰かが投げかけたことで、みんなが「う〜ん」と悩みました。「自分で描いた絵じゃない」「でもクリエイティブな活動になると思う」と意見が分かれました。

こうしてみんなで意見を出し合って、優先的にｉＰａｄを使う予約ができる活動内容を決めました。


他にも、子ども達は「学び」についての線引きでとても悩んできました。

「映画は娯楽か？」

「アニメ視聴は学びになるか？」

「漫画を買うのはどう？」

「子ども費を使って映画を観に行くのは？」

「ヘアカラー剤を買うのはＯＫ？」

「カフェに行くための費用は？」

「爬虫類カフェに行くのは良くて、映画はダメなのはどうして？」

「コスメは個人用だから子ども費を使うのは違うと思う」

「カフェでの飲み物代は申請しても良いの？」

「個人的な買い出しのためのガソリン代をこども費に申請するのはどうなの？」

などなど。

疑問が出るたびに話し合い、着地点を見つけるという作業を繰り返してきました。子ども費と呼ばれている子ども達の活動費は、毎月の学費の一部と、サポーターの皆さんからのご寄付の一部を充てています。様々な体験活動の機会の全てが学びと言えば学びです。でも、個人のお小遣いで賄うべきことまで子ども費を使うのは目的から逸れてしまいます。その線引きを具体的に決めていくのは至難の業です。

こうして一つ一つ頭を悩ませ、意見を出し合い、「ＡＳＯＶＩＶＡではどうするか？」という自分たちの着地点を決めていくという一連の流れの全てが、大切な学びなのだと考えています。

【成長】

成長には幾つかの意味合いがありますが、子ども期には大きく分けて2つ、身体的成長と精神的成長について考えることが多いと思います。ＡＳＯＶＩＶＡでは特に精神的成長について「本人主体」を大きな軸としています。つまり、「自己成長」です。

大人や他者が「成長したね」と評価することと、本人が「成長している」と実感することには大きな違いがあり、本人が「成長した自分を実感できる」ためのサポートを如何にするか？という視点を大切にしています。

ですから、間違うことや失敗と思われるようなこと、遠回りと感じることでも、大人が先回りして「こうした方が良い」と示すよりも、本人がやってみたい順序やペースを尊重します。経験を積み重ねながらより良い方法を発見したり、できないと思っていたことができるようになっていくことで、自分の歩幅に合った成長を確実に積み上げていくことができます。

子ども達が自己成長を実感した瞬間の表情を目撃できた時、とても幸せな気持ちになります。誇らしそうで、嬉しそうで、頼もしくて、美しくて、かっこいいのです。

第4章

生きるとは

関わる大人の「どう生きる?」が伝わるところが、学びの場。

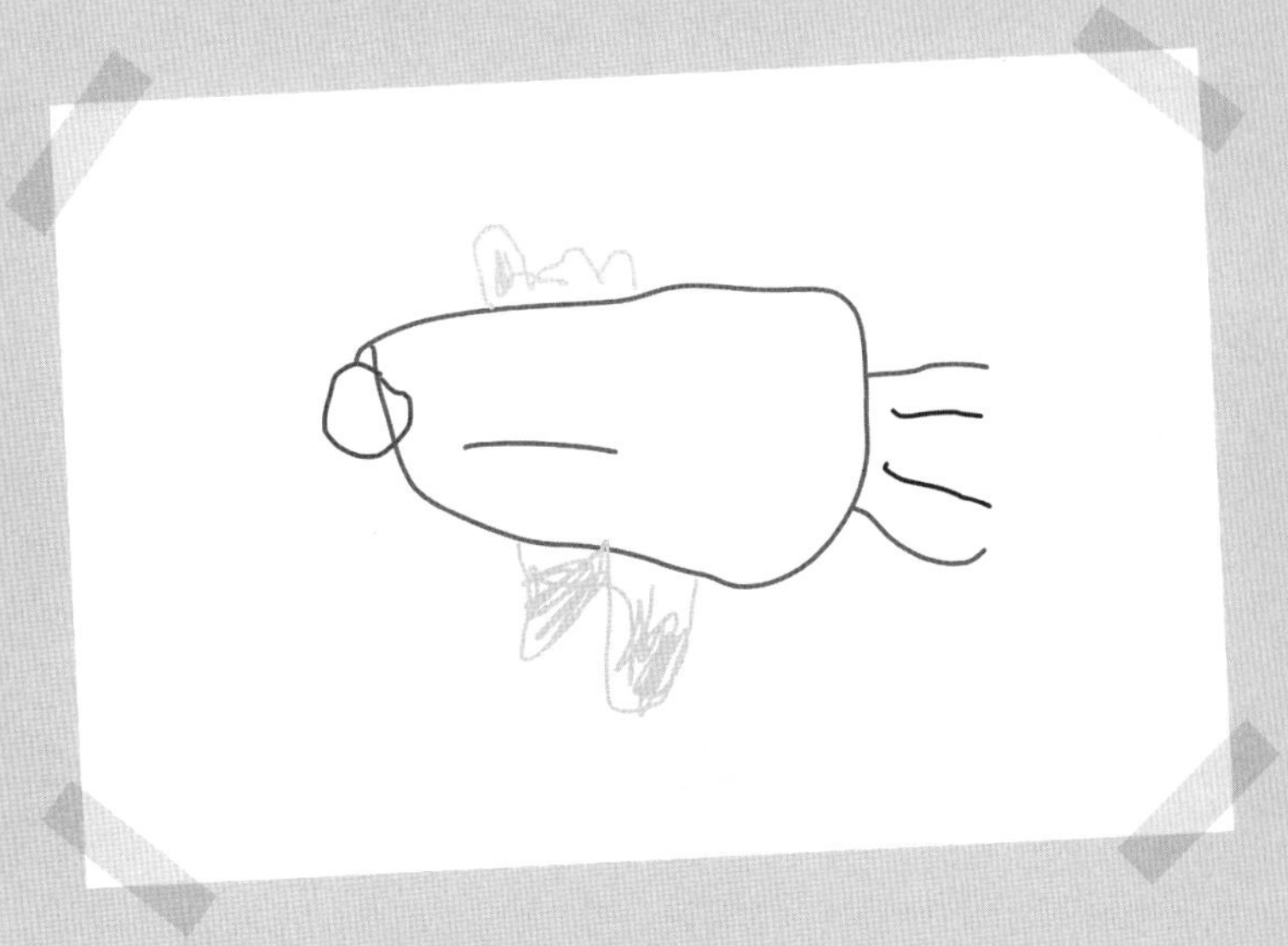

『生きるとは』

会社などの日頃のミーティングでは、実務や実践の内容について話すことがほとんどだと思います。でも時には時間を取って、根源的な問についてそれぞれの思いや考えを伝え合ってみるのもいいものです。

例えば「生きるとは?」という問いかけに、あなたや、あなたの身近な人はどんな言葉で表現されるでしょうか? それをお互いに聞き合うことで、同じ場を共有する者同士がどのような価値観で生きているかに触れ合うことができます。他者との違いを知ることで自分をより深く知ることができますし、深い部分で共鳴し合えるものがあるなら、とても幸せなことです。

正解というものはなく、全ての表現が正解とも言えます。メンバー全員が、てらわずに素直な言葉を出せる場が形成されているかを確認するためにも、良いワークとなります。

スタッフそれぞれの「生きるとは？」

ちーか
「命を全うすること。生物的に生きているのと、能動的に生きるというのと、両方の意味がある。芽が出て、花を咲かせて、種が出来ての循環。自分らしさを発揮すること」

知愛
「自分の願いと繋がっていること。自分軸。消費しているだけの人生はいやだ。自分の願いを叶えるために自分で行動できていることが生きること」

かおりん
「今、自分の身体や心が感じていることを味わえること。感動すること。経験すること」

『良い人生とは』

親は、子どもに良い人生を送ってほしいと思うからこそ、敷いたレールの上を歩かせようとしたり、様々な教育やアドバイスを与えるのだと思います。子を思う気持ちは、とても尊く素晴らしいものです。「親の心、子知らず」というように、親がいくら子どもの将来を願って言っていても、子どもは理解せず勝手気ままにすることも多いと思います。

それを承知の上で、「親が思う良い人生とは何ですか？」という問を投げかけたいと思います。

子どもがどんな人生を歩めば、親は「良い人生」だと納得できますか？
その「良い人生」を、親自身も歩んできましたか？
その「良い人生」は、誰にでも当てはまるものですか？

「親の心、子知らず」だと分かっていても、つい言ってしまう。または、「大人になれば分かる時が来るから」と、言い続けることもあると思います。でもその先に「どんな良い人生」を描いて伝えているのかを、親自身が明確に持っていることがとても大切です。

大人が子ども達に与える影響の大きさは計り知れません。その場で共に過ごす大人がどのような人生観を持って生きているかは、その人の振る舞い、人との関わり方、発言内容など様々な場面で子どもたちに伝わっていきますし、それ自体が教材であるとも言えます。

大人は伝えているつもりはなくても、子ども達は敏感に察知します。大人側は、「自分はどのような人生観を子ども達に伝えているだろうか?」という問に、自分らしい言葉を持てているといいと思います。

ASOVIVAにおける「良い人生」とは、**「その人自身が、幸せだと感じられる人生」**と、とてもシンプルです。だからいつも、「十人十色、人生いろいろあっていいよね。あなたは、どうしたい?」というスタンスでいます。

スタッフそれぞれの「良い人生とは?」

ちーか
「死ぬときに、あー良い人生だった、と思える人生。そのためには、したいことをやりきること。私にとっては人と繋がることが大きな意味を持っている」

知愛
「今死んでもいい人生やったと思えること。残念ではあるけど、ありがとうって言って終われる気はしてる。魂を燃やしている。納得できてる。我のままに生きている。自分で選びたいことを選んできている」

かおりん
「孤独の中で死ぬのは絶対にイヤだなって若い時に思った。一人でその時を迎えるとしても、心が孤独じゃないなら、とても幸せ。いつ死んでもいいように、いつも自分を幸せにしておきたいと思っている」

『人生設計と人生計画』

親心の話が続きます。子どもに幸せな人生を歩んでほしいと思うがゆえに、子どもの人生設計を親が決めることの弊害について考えてみたいと思います。

親の思う幸せな良い人生が、子どもにとっても幸せな良い人生とは限らないのは重々承知の上で、それでも親は、子どもが「大人になってから苦労しないように」という親心で、進路や習い事、塾などを決めていきます。「子どもは自分で決められないから、親がある程度のレールを敷いてやるのは当然のこと」という考えです。しかし、視点を転じてみると、それは恐ろしく無責任なことでもあるのです。

「自分で決める」というのは、とても高度なスキルです。決めるために必要なことを幾つか挙げてみます。

①自分の気持ちや考えを知る。
②望む未来を描く。
③起きる可能性のある未来を想像する。
④どんな選択肢があるか調べる。
⑤それぞれの選択肢の中身を詳しく知る。
⑥ベストだと思える一つに絞り込む。
⑦決定する。
⑧決定したことを実行する。
⑨自分で決めたことの結果を認め、受け止め、自分の糧にしていく。

決めるものによっては、リスクヘッジも必要となってきます。これらは、何かを始める時ばかりではありません。止める時にも必要です。何かを始めたり止めたりする時、大きな勇気が必要だった経験があるのではないでしょうか？　勇気を出すためには、怖れを越えていく力も必要になります。

「自分で考えて決められる子に」と願いながらも、「この子にはまだ決められないから」と、親が子どもの人生の舵取りをし続けることで、子どもはいつまでも決めるために必要な様々なスキルを練習する機会を喪失し続けます。

やがて、一定の年齢になると突然、「これからは自分で決めて生きていきなさい」と社会に放り出されます。成人してから初めて挫折を経験する人が大きなダメージを受けるのは、自信が育っていないからです。親に言われた通りにすることや、親に認められ褒められるための行動を積み上げてきたことで、「何があっても自分なら大丈夫」と自信を持つための経験値があまりに少ないのです。

子どもが自分の人生に挫折した時に、親は子どもの人生にどのような責任が取れるでしょうか？

親の言う通りに歩んでうまくいっても、その子自身が何かを決めるための自信には繋がりません。また、うまくいかなかった時には親のせいだと恨む気持ちにもなるでしょう。

子ども達に身に付けてほしいのは、「どんな人生を歩みたいか？」と自分の人生設計を思い描く力と、それを実現していくために人生計画を立てて実行していく力、そして困難にぶつかった時に対応していく力などではないでしょうか？

「子ども期に、いかにこれらの力をつけてもらうか？」が、ASOVIVAの日々の実践に込められています。

『豊かさ、幸せに対する価値観』

価値観とは、「どんなことに価値を見出すか？」という感じ方や考え方です。子どもは幼少期は親の価値観をなぞらえていますが、成長に従って自分なりの価値観を見つけていきます。価値観は何かを選ぶ時の優先順位や判断基準に直結するので、人生のあらゆる場面に反映されていきます。つまり価値観とは、その人の「生き方・在り方そのもの」と言い換えることもできます。

自分の人生を生きるためには、自分なりの価値観を見つけていくことが不可欠なので、いつまでも親や身近な大人の価値観の元で生きているわけにはいきません。様々な経験を積むことはとても素敵なことですが、「親の価値観で選んだもの」を「親の判断」で用意して経験させ続けると、親の価値観から外に出ることができません。

自分で選びたい。自分で決めたい。自分で考えたい。自分の思うようにしてみたい。それが大人への準備期間である思春期の本能的な欲求です。でもその思いが遂げられないまま成長すると、抑圧され続けたものがやっと外へ出す力が出せた時に、噴出し始めます。その状態が反抗期と呼ばれるもので、幼い時期から自己選択や自己決定を尊重されてきた子は、「反抗すること」に大きなエネルギーを使う必要がありませんから、思春期にスムーズに大人への準備を進めることができます。

反抗期とは、子どもが主体的に生きる力を身に付けることに「親が反抗し続けている」期間とも言えます。「うちの子は反抗期だから」で終わらせず、「親の価値観を押し付けていないか?」と自分の生き方や在り方を振り返ってみる機会にしてみると、親子関係も好転していきます。

価値観には「仕事観」や「人生観」などいろいろありますが、生きていく上で土台となるのは人生観に繋がる「豊かさ」や「幸せ」に対する価値観ではないでしょうか。

身近にいる大人が何を基準に豊かさや幸せを見つめているかは、教え込もうとしなくても、子ども達には伝わっています。また、同じような価値観で生きている人が引き寄せ合うので、どうしてもその集団全体が持つエネルギーの質は、その場を中心的に担っている大人の価値観に偏っていきます。

どんなコミュニティも、何にも偏らないことはできません。何かしらに偏っていることが個性であり独自性です。ＡＳＯＶＩＶＡも、子ども達の多様な価値観を尊重したいと願っていても、私たちスタッフが何を豊かと感じ幸せと感じているかが、良くも悪くも大きな影響を与えています。

それを自覚しているからこそ、子ども達自身がスタッフ以外の多様な大人と直接関われる機会や場を作り、スクールの特性を守りつつ、どうすれば多くの人の目が入りやすいオープンな場にできるかを、日々模索し続けています。

スタッフそれぞれの「豊かさや幸せの価値観とは？」

ちーか

・豊かさ「物質的な豊かさと精神的な豊かさがある。後者は愛を与えたり受け取り合えたりしていること」
・幸せ「豊かさや感謝の気持ちを感じている時」

知愛
・豊かさ「心の中にあるもの。心が豊かじゃなかったら、いくらお金がいっぱいあっても豊かじゃない。自分にとって心の豊さに繋がるものは、人とつながって愛し愛される状況であること」
・幸せ「今死ぬのいややなぁと思えること」

かおりん
・豊かさ「心が喜び、感謝や祝福で満たされて溢れていること」
・幸せ「孤独ではないこと。自分の中に豊かさを感じられること。誰かの喜びに繋がれていること」

第5章

関わるスタッフの在り方

環境としての自分をどのように扱ってきたか

『主体者で在る』

自分のことを自分の責任において決め、みんなのことはみんなの責任において決める。ASOVIVAは子どもも大人も対等な存在として主体的に運営に参画するスクールです。関わる大人も、自分のことを自分の責任において決められる、自分の人生の主体者で在ることを学んでいきます。

自分の人生の主体者で在るとは、他者や状況や環境のせいにせず、全て自分の選択の結果で起きていると引き受けることです。思うようにいかないことが起きた時、それを自分では変えられない他者や状況のせいにするのは、自分自身を「私にはどうすることもできない」と、弱い存在として扱うことです。

自分を弱い存在として扱い、他者を力のある強い者として批判や抗議をする時、弱さを武器にして攻撃する強い人になっています。また、状況や環境に対して、嘆いたり文句を言う時には、自分を無力な被害者にしています。

結局は、自分や他者を強者や弱者として差をつける考え方が、強者や弱者を生み出しています。人を上下で見る人は、自分より低いと思う人には言いたいことを言い、自分の方が下だと思う相手には何も言わなかったり、その人の目を気にして思うように振舞わなかったりします。そしてまた自分を責めたり、他者を責めることを続けます。

日本の教育でも、子ども達を無力な弱者として扱う場面が非常に多いと感じます。自分で考えて選ぶ機会を奪われ続ける環境では、自分は弱くて力のない存在だと認識するようになるでしょう。

弱くて力がないのに、ある場面や時期になると突然「自分で考えなさい」「自分で決めなさい」と突き放される。その時の不安感とは、どれほどのものでしょうか。

「間違えたらどうしよう」「怒られたらどうしよう」「失敗したらどうしよう」「どう思われるだろう」といった不安や恐怖心から、なかなか自分で決められないのではないでしょうか。不安が大きいと、「間違ってもいいからやってみよう」という勇気もとても出せません。

私たちもそんな社会で育ってきて、「主体者で在る」ことをすっかり忘れて生きていました。ＡＳＯＶＩＶＡは、それを少しずつ思い出し取り戻していける環境だったのです。

主体者として生きる自分を取り戻すには、何かが起きた時に外側に責任を探すのをやめ、自分自身に矢印を向けて自分と対話をする習慣を身に付けるしかないように思います。


「私の何がこの状況を招いたか？」

「この出来事から気づけることや学べることは何か？」

「なぜ私はこの状況を起こしたかったのか？」

「状況を変えるために私ができることは何か？」

「私は、なぜこれをするのか？」


子ども達は、柔軟で繊細でとても素直に、関わる大人の鏡となって見せてくれます。子ども達から返ってくる反応は、自分が発したコミュニケーションの結果です。伝え方、質問の仕方、距離の取り方など、工夫できることや学べることは幾らでもあります。

子どもの反応に一喜一憂して反応的に返すばかりの大人が「自分で考えなさい」と言っても説得力はありませんから、常に自分に矢印を向けて自己対話することを心がけています。

『子と対等な存在として』

大人と子どもが上下関係ではなく対等な関係を築いていくことは、一見大変そうに思えるかも知れません。ですが、上下関係を維持することよりもずっと楽で、大人にとっても学びが多く、子ども達も目を見張るような成長を遂げていく、素晴らしい関係性です。

昔は徹底した上下関係がありました。目上の人に対する言動は敬意を表したものでなければならず、違う意見を述べるなんて有り得ないことでした。

ですが、上に立つ者がいつもみんなにとって正しい判断をするとは限りませんから、絶対的な上下関係が素晴らしいものではないということは明らかです。徐々に、社会全体が上下関係重視から対等な関係重視へとシフトしていることも、実感できることと思います。

ですが、子ども達はまだまだ、この変化の影響の外に置かれたままではないでしょうか。親や教師、周囲の大人の言うことを聞く子が聞き分けの良い子として褒められ、聞かない子は困った子として扱われているのは、なぜでしょうか？

「子どもは教えないと分からない」
「子どもは怒らないと分からない」
「子どもは自分で決められない」
「子どもは責任が取れない」
「子どもに好き勝手させては親が白い目で見られる」
「子どもに舐められてはいけない」

などが理由でしょうか。子どもは大人の管理下にあるので、大人が責任を負うべき部分は確かに大きいですが、それは大切な子ども達を守りながら、健全に育むためです。

そこに上下関係は必要でしょうか？　子ども達に言えることのほとんどは、大人にも言えることばかりです。

「大人だって教わらないと分からないことばかり」
「大人だって怒られないと気づけないこともある」
「大人だって悩んで迷って決められない時もある」
「大人だって責任が取れないことがある」
「大人だって好き勝手していたら白い目で見られることもある」
「大人だって人を舐めるのは良くない」

生きて来た年数や経験値、立場や役割が違うだけで、もっと大きな視点で見れば大人も子どもも未熟で学び続ける存在であることは同じです。未熟な者同士ではあるけれど、大人にはできないことを子どもができることは沢山あるし、気づかされたり、助けられることも多々あります。それなのに、大人の方が上で子どもが下なんてことがあるでしょうか。

私たちスタッフが子ども達と接する時に気をつけていることを幾つか挙げてみます。

・大人に対して言わないことを子どもに言わない。
・〇〇してあげる、〇〇させる、という上から目線で子どもを見ない。
・「ありがとう」「ごめんなさい」を素直に伝える。
・尊重し、敬意を持って接する。

人として接する際に当たり前のことを、子どもだからと言っておざなりにしないということが大切なのだと思います。

『受け止めるとは何か』

スタッフの大きな役割の一つに、「子ども達の気持ちを受け止める」があります。子ども達から依頼されている業務や、大人として引き受けている業務もいろいろありますが、その場を共にする大人として、「ありのままの自分が受け入れられている」という安心感を伝える役割は大きいと思っています。

受け止めることの大切さは重々分かっているつもりですが、時としてできないことがあります。その時は受け止めたつもりでいたけど、後から振り返って「あれは受け止めずに跳ね返してしまってたな」とか、「受け止めるだけで良かったのに、余計なお節介を乗せてしまったな」と反省することもよくあります。

受け止めるとは、相手の気持ちをそのまま、否定せずに理解すること。ポジティブな気持ちは受け止められやすいですが、ネガティブな気持ちは出すことも許されない雰囲気の場もあると思います。

「いやだな」
「嫌いだな」
「やりたくないな」
「行きたくないな」
「帰りたくない」
「気持ち悪い」
「うっとうしい」

「悲しいな」

「つらいな」

「淋しいな」

　どんな気持ちも、あっていいですよね。気持ちに良い悪いはありません。いろんな気持ちを感じて味わえることは、とても心が豊かなことです。でも自分の気持ちを素直に言えないのは、なぜでしょうか？


「怒られるから」

「迷惑をかけるから」

「嫌な気持ちにさせるから」

「言ってもどうにもならないから」

「浮いてしまうから」

「どう思われるか怖いから」

　と、素直な気持ちを出し合わないでいると、お互いの心が見えなくなり、思い込みは強くなり、どんどん不安や孤独感が増していきます。どんな気持ちも素直に出し合える場を作っていくことが、お互いに安心して居られる場作りに繋がります。

そこで難しさを感じるのが
「何でもかんでも受け止めてたら、大変なことになる」
「思ったことを何でも口にしてたら、社会に出て困る」
といった不安や親心だと思いますので、考え方のポイントを三つ挙げてみます。

①受け止めることと、要求を受け入れることは分けて考える

子ども達は、いろいろな要求をします。家庭で多いと思われるのは「もっとゲームをする時間を増やしてほしい！」「ジュースを買って！」などでしょうか。

ASOVIVAではみんなで決めたルールに沿って活動しているので、ルールの範疇を越える要求が出ることは滅多にありません。ルールに沿っているかどうかという判断基準が明確なので、その場その場で要求を受け入れたり受け入れなかったりするということがありません。

ですが家庭では、その場その場でついつい要求を受け入れてしまうことがあります。

決めていたはずのルールも、ずるずると変更してしまい、効力がなくなり困っている、というお話はよく聞きます。何のためのルールかが明確であれば、例外的な要求を受け入れるかどうかの判断もしやすくなります。目的が曖昧な決まりなら、いっそ廃止にしても良いかも知れません。

「この決まりは何のためか？」と、ひとつひとつ見直していく作業は、自分たちの価値観の見直しにも繋がります。気持ちの受け止めと要求の受け入れが混同した対応は、枠組みが曖昧になって子ども側もしんどいものです。

大人の気分や都合によって基準が変わると、「今はいけるのか？」「どこまで許されるのか？」と、いつも大人の顔色を伺い探るようになります。子ども達はただ甘えたかっただけかも知れません。不安な気持ちを受け止めてほしくてぐずっただけかも知れません。それを、自分で自覚して言葉で説明できる子はほとんどいません。気持ちが受け止められて安心すれば、無理な要求をしなくなるものです。

【目的と基準が明確であれば、要求を受け入れるかどうか？の対応もしやすくなる】

②気持ちと行動は分けて考える

次は本人の気持ちと行動についてです。例えば「片付けは嫌だ！　したくない！　片付けなんてしない！」という子がいたら、「嫌だ。したくない」という気持ちは「嫌だよね、したくないよね」とそのままに受け止め、「片付けはしない」という行動に対しては「片付けはしてもらわないとみんなが困ります」という姿勢を通します。

好きなことに思う存分取り組んでいたとしても、「いやだな。苦手だな」と感じることは幾らでも出てきます。それを避けていては、目標に到達することはできません。また、自分が嫌だからと避けていることは、他の誰かに押し付けていることかも知れません。誰かの大切な時間や労力を、自分の好き勝手で奪うことがまかり通るのはおかしな話です。

【どんな気持ちを感じてもいい。その場に出してもいい。だけど、必要な行動はする】

この姿勢を一貫して通していると、子ども達はそれぞれのタイミングで気持ちの折り合いをつけていきます。

「ゴミ箱の袋の取り換え、全部やったー。でもめっちゃ嫌やった。だって手に何か付いて気持ちわるいもん」

掃除を嫌がっていた男の子が、今では毎回しっかりと取り組んでくれるようになりました。取り組んでいても、嫌な気持ちは変わりません。

「そうやんなぁ。それは嫌やなぁ。嫌やのに、丁寧にしてくれてありがとう！」

気持ちはいつでも受け止めて、適切な行動には感謝を伝えます。大人が相手でも同じですよね。何かを引き受けてくれた時には、それが当番だろうが仕事だろうが、やって当然ということではなく、感謝や労いの言葉をかけ合っていると思います。

③気持ちと表現の仕方は分けて考える

心の中でどんな気持ちを感じていたとしても、誰にも迷惑はかけません。自分だけはどんな気持ちも否定せず受け止めているのが良いと思います。ただ外へ出す時の表現の仕方や言葉使いは、時として不適切な場合があります。

周囲の人をひどく困惑させたり、傷つけてしまうような表現があった場合も、やはり気持ちそのものは受け止めた上で、違う言葉に言い換えることの必要性を伝えます。

実際に友達の言葉に嫌な思いをして、もうＡＳＯＶＩＶＡに来たくないと思うほど悲しい気持ちになった子がいました。使う側にとっては、日常的に挨拶のように使っている軽い言葉だったとしても、受け取る側にとってはとても気持ちが落ち込む、重たい言葉のこともあります。


こういうトラブルが起きた時は、当人同士とスタッフで話をします。まだまだ語彙力が少ない子ども同士ですから、気持ちを言葉で表現することも学んでいる最中です。自分が感じている気持ちや感情にぴったりの言葉を見つけるのは難しいことですから、相手や場に合わせて相応しい言葉を選びながら自分の気持ちを伝えるというのは、とても高度なことです。

言葉だけを取り出して、「○○と言ってはいけません」といった禁止や命令で伝えたり、叱ったりするのではなく、【友達と摩擦が起きた時こそ、絶好の学び時】だと捉え、対話の中で大切にしたいことを伝えるようにしています。

どんな時も、その子の中にあるどんな気持ちも尊重して理解を示しつつも、表現の仕方や言葉選びによって、より理解し合えることもあれば、傷つけてしまうこともあるということを、ASOVIVAで思う存分、経験して知っていってほしいと思っています。

「受け止める」という行為は、「受け止めてもらえた」と相手が感じられて初めて受け止めたことになります。次に挙げるのは、受け止めたつもりでも、受け止めになっていないコミュニケーション例です。

①跳ね返す

「気持ちはわかるよ。でもな……」と、「わかるよ」という言葉一つで受け止めたつもりになって、すぐに持論を返してしまうと、相手は受け止めてもらえたと感じられません。

②すぐに否定する

相手の話を「ふむふむ」と聞く態度は見せるけれど、話の途中や、聞き終わってすぐに、「それは違う」と否定した上で持論を展開すると、相手は聞いてもらえたとも感じられません。よく話を聞いているつもりなのに、「あの人は話を聞いてくれない」と思われると、もう素直な気持ちを打ち明けてくれることはありません。

『ありのままでいる』

子ども達が自然体の自分で過ごすことができる場とは、大人も自然体で居る場所です。だからスタッフも、できるだけ自然体のありのままの自分を見せるようにしています。大人だって間違えるし、不調な時もあります。全然完璧じゃなくて、弱みもたくさんあります。子ども達の方がよく知っていて教わることも多々あります。疲れや眠気に負けてちょっと横になることもあるし、壁にぶつかって悶えてしまうことも。

スタッフ同士で意見を交換している場面も、ふざけ合ったり、真剣に話し込んでいる場面なども、子ども達は見ています。子ども達にリラックスして過ごしてほしいなら、自分たちが先にリラックスして過ごすこと。

いくら大人側が子どもも大人も対等な存在だと思っていても、【大人】というだけで強い圧力を感じる子もいます。それはその子が過ごしてきた環境が、大人が絶大な権力を握っている上下社会だったからです。

大人も子どもも対等だという実感は、その環境で育っていないとなかなか感じ取りにくいものです。まずはその感覚を取り戻してもらわないと、言葉で「対等」と言っても伝わりません。大人の顔色を窺ったり、人を上下で見たり、大人がいる場といない場で大きく態度が変わったりと、子どもの様子を見ていれば、どんな環境下で過ごしているかはすぐに見えてきます。

まずは自分たちが、常にリラックスして自然体で過ごし、人によって大きく態度を変えず、自分のことも、スタッフ同士も、子ども達も、同じように尊重して大切に扱う姿を見せ続けることで、次第に子ども達にも理屈ではなく、「対等」という感覚が伝わっていくものだと思っています。

第 6 章

スクールの実践

ASOVIVA文化が育つ
土台となったスクールの実践法

『制限やルールの決め方』

ASOVIVAは自由な学校ですが、ルールをとても大切にしています。全てのルールを自分たちで作っているので、なぜそれが必要なのかという根拠を、みんなが理解しています。後から入って来た子にも、必要に応じて、誰かがその根拠を伝え継承されていきます。

では、ルールが誕生する時はどんな時でしょうか？　大きくは四つに分けられます。

①みんなで共有している場をみんなが心地よく過ごすため。
②お互いの自由を尊重するため。
③ASOVIVA流を生み出すため。
④危険な状況から身を守るため。

①は、ASOVIVAの永遠のテーマである「片付け問題」や、タブレットなどみん

なで共有している物の使い方、キッチンなど設備の使い方。みんなでお泊りする時の約束事など、多くのルールが当てはまります。誰かが困ったり、不愉快な思いをした時などにミーティングで議題に出されたり、新しい物が入ってきた時などに話し合います。

片付けについては、「気になる度」が人によって随分違います。始めの頃は「気になる人がやったらいい」という人と、「気になる人に負担を押し付けられるのは嫌だ」という意見の対立がしばらく続きました。何度か議題に出される度に、少しずつルールが変更になったり、新たに付け加えられたりしたものの、それほど改善されませんでした。

ある日、散らかっている状態が気になっていた、当時中三の子からスタッフに相談がありました。

「ASOVIVAが好きなのに、行きたくないという気持ちが大きくなってる。でもこのまま来れなくなるのは悲しいから、もう一回みんなに自分の気持ちを伝えたい。伝えたいことを先にメモして渡しておくから、隣にいて、頭が真っ白になったら助けてほしい」

学校に行っていた頃は、学級会などで自分の意見を言うことができなかったことを、泣きながらみんなに打ち明けてくれたことがある子でした。ミーティングの時は横に座って見守っていましたが、とてもしっかりと自分の言葉でみんなに伝えてくれました。

・大好きなASOVIVAなのに、行こうと思うと身体が動かなくなって辛いこと。
・このまま来れなくなるのは悲しいし嫌だということ。
・もうちょっと、みんなに片付けや掃除のことを意識してほしいこと。
・気になるからと言って、掃除好きな訳じゃない。みんなの分まで負担するのは辛いこと。

聞いていた子たちは、その子がそんなに辛い気持ちでいたことを初めて知りました。大切な仲間が来れなくなるなんて嫌だと、みんなも思いました。そこでようやく、みんなの意識が変わりました。真剣に、片付けについて考えるようになったのです。

「来なくなる前に、勇気を出して話してくれてありがとう」
「気づかなくてごめんね」

そんな言葉を伝える子もいました。

そのミーティングを機に、いろいろな変化が起きました。

・ゴミをすぐに捨てられるように各部屋のゴミ箱を増やす。
・こぼしたらすぐ拭けるように、机ごとにティッシュとウェットティッシュを置く。
・時間を決めてスタッフがチェックして、特に低学年の子たちが片付けてから帰るようにサポートする。

それから月日も経ち、このミーティングに出ていたメンバーが少なくなり、新たに入ったメンバーも増えました。その場を共有する顔ぶれや年齢層が変わると、個々の特性も含めて、みんなの課題も変化していきます。庭に水や生き物（の死骸）が入った水槽を何日も放置してしまう子がいたり、当時よりも苦労している面もあります。

②のお互いの自由を尊重するためのルールは、例えば、「誘っても断られたら相手の自由を尊重して、しつこく誘ったり無理強いをしない」というのがあります。

特に兄弟姉妹で来ていると、お互いに遠慮なく言えるので無理強いしてしまうこともありますが、ＡＳＯＶＩＶＡではお互いに尊重し合うことが求められます。

③の【ＡＳＯＶＩＶＡ流】というのは、他のスクールを参考にしつつも、ＡＳＯＶＩＶＡ独自の特色を生み出すものです。例えば入学や卒業をどうするか。入学要件や入学までの流れは、ずいぶん試行錯誤してきました。現在は体験入学の後にトライアル期間を設けた二段階にしています。

これは、入学後の混乱をできるだけ避けるために、入学前にお互いに知り合える期間を持とうという理由です。入学を承認するのも子ども達ですから、「入学を承認した責任は自分たちみんなにある」という意識から生まれています。

また卒業に関しては、「卒業を作るかどうか」ということから決める必要がありました。ただ辞める「退会」とは区別して、【卒業生】と名乗りたい人もいるし、人生の中で一つの区切りをつけるためにも、卒業は作ろうと決まりました。

入学要件と同様に、卒業要件も決めました。

・一年以上ＡＳＯＶＩＶＡに通学した者で、「卒業」したいと希望する者。
・ＡＳＯＶＩＶＡで学んだことを、自分の好きな方法で表現し、みんなに発表する。
・みんなからの承認によって卒業と認める。

・卒業式は、卒業生自身がプロデュースする。

④の安全面を考慮したルールは、大抵は大人側から提案して承認を得ています。
・誰にも言わずに敷地から出ないこと。
・屋根に上らないこと。
・駐車場で遊ばないこと。
・コンビニに子どもだけで行けるのは四年生以上。ただし連絡手段を持っていること。
・川遊びにはスタッフが付き添うこと（スタッフ予約）。
などです。

屋根に上ってお弁当を食べたりするのは楽しいもので、一部分だけ壁に囲まれているところは出ても良いことになっていた時期もありました。そこなら落下する危険がないだろうという判断でした。ですが、いつの間にか瓦がずれて雨漏りしていたり、雨で座布団がドボドボになったまま何日も放置されていたことがあり、家を守るために禁止となりました。

『ミーティング』

ミーティングはスクール運営の根幹となる部分なので、とても大切にしています。全員が毎回主体的に参加して、スクールに関わることをみんなで話し合いながら決めていけるのが理想だと思っています。だからこそ、ミーティングも強制ではなく自由参加としています。強制されることに主体性は存在できないからです。

できればみんなが主体的に参画するようになってほしいから、ASOVIVAのミーティングは一番広くて、みんなが出入りする和室を使い、ミーティングの位置づけを高くしています。

・ミーティングに参加しない人は、ゲームや音楽の音を消すこと。
・音を消したくない人は部屋を出ること。
・参加した人の名前は毎回議事録に記入すること。
・ASOVIVAには来ていたがミーティングに出なかった人は、ミーティングの決定事項を後から覆すような議題提案はできない。

何かについて話し合うのはエネルギーを使いますし、毎日のミーティングを面倒に感じる子も多いです。そんなことより遊びたいのも正直なところだと思います。強制されてイヤイヤ参加しても、子ども達が自己成長のために得られるもの、コミュニティ全体のために与えられるものは、弊害の方が多いでしょう。

ミーティングの在り方は、開校当初から幾度となく話し合いながら、今のスタイルになりました。もちろん改良点はまだありますが、ＡＳＯＶＩＶＡは子どもたちに上手に物事を決めさせる場ではありません。

多様な価値観を持った人同士で形成するコミュニティにおいて、どのように自分たちにとってベストを見つけていくかを実践的に学ぶ場ですから、不完全さの中での経験によって得られる知見も、大切な教材です。

自分たちの話し合い方が良くなかったと感じる経験があって初めて、「どうすればもっと良い話し合いができるか？」と考える内発的な動機が生まれます。

日常では、自分が子ども費を申請したい時や、スタッフ予約をしたい時、どこかに行きたいなどの提案をしたい時だけミーティングに出る子も多くいます。

まずはそういった、自分に関わりのある時に参加し、ニーズが満たされたり、申請が承認されることを経験してもらいます。

次第に、ミーティングに出ていて希望した人しか食べられないおやつがあったり、参加できない活動があることを、活動の中で知っていきます。後から議事録を確認することで、まだ参加希望者を募っている案件を知ることもあります。

みんなで話し合いたい議題があれば、その旨を伝えてできるだけ多く参加してもらうこともあります。通常ミーティングでは時間が足りない時には、臨時ミーティングを設定したり、在籍メンバー全員が入っているＳＮＳグループで知らせて参加者を募ることもあります。

こうして、スクール内でミーティングが重要であることや、ミーティングに出る意味が幾つもあることを知るにつれ、自分の意思で参加するようになります。

中には、ミーティングには参加せず、同じ場所で遊びながら、何となく聞いているだけの子たちもいます。しっかり参加するのは面倒だけど、逃したくないことがあるかも知れないからその場にはいよう。そんな心理なのだと思いますが、そういった参加の仕方も、関心を持ってその場にいてくれる、とても嬉しいことだと捉えています。

また、自分が知らない間に決まっていたことで、後から疑問を感じることもあります。個人で使うアクセサリーや美容用品を子ども費で購入していたことが後から分かった時、その日休んでいてミーティングに出ていなかった子たちから異議申し立てが出て、話し合ったことがありました。

この時は、「学び」の線引きについて何度か話し合う大きな事態に発展し、それぞれが、「学びとは?」について深く考えた期間でした。

最終的には、最初に疑問を呈したメンバーに、「何が学びかは人によって違うから、線引きすることはできない。私は私の価値観で、学びかどうかをジャッジしてたと分かった」という気づきが起きました。そして、毎月一人五百円は個人的なことでも申請すれば使えることになりました。

十六歳の子に、どのような過程でこの意識の転換が起きたのかに興味が湧き、本人に質問したら、こんな答えが返ってきました。

「なぜかは分からない。家でもずっと考えてて、今日も自分の意見を言おうと思って来た。でも、ミーティングに出ようと和室のふすまを開ける時に、ふっと、そう思った」

これは、自分勝手な思いだけをぐるぐると考え続けるのではなく、違う意見も踏まえ、様々な角度から何とか最善の解を見つけ出そうと考え抜いたからこそ、それまでの固定観念を越える意識に到達したのだと思います。誰かに言われた言葉ではなく、内側で起きるこういった気づきは、その人自身を支える確かな土台となります。

「疑問を持つこと」も大切ですし、その疑問をみんなの議題として出すことも大切です。出された議題に対しては、自分とは違う意見も含めてまた考え、個人の気持ちと、みんなの場を分けて捉え、「ASOVIVAとしては、こうしよう」と、着地点を見つけていく。

この繰り返しによって、自分で考えること、他者の意見を聞くこと、尊重し合うこと、折り合いをつけること、【みんなにとってどうか？】という視点で考えることなど、様々な力がじわりじわりと身に付いていきます。

大人に用意された方法で、大人から出された問いに答えるばかりでは、一番肝心な「問を持つ」という内側から種が生じ出てくる機会をなかなか作れません。校則などに反発する形で出てくる疑問は、見方を転じれば、とても素晴らしい力が芽吹いている状態です。これをいかに育むか？　芽を乱暴に摘み取ってしまうのかは、その場にいる大人の手にかかっています。

『活動内容』

ＡＳＯＶＩＶＡに居る時間をどのように過ごすかは、子どもたちが自分で決めます。お昼ご飯の時間も決まっていないので、各自が自分のタイミングで自分が用意した昼食を食べます。お弁当を持って来る子もいれば、材料を持って来て調理する子もいます。また、おやつなどを作るのも自由です。

一日をどこで過ごしてもいいし、好きな遊びをしてもいいし、学習してもいいし、寝ていても構いません。

ミーティングでｉＰａｄを使う予約をして絵を描いたり、工作や音楽、お菓子作り、庭での焚火や水遊び、読書や自習など、それぞれが思い思いに過ごします。

何かを作る材料や道具などを買いたい時は、ミーティングで申請し、承認されれば買うことができます。買い出しに行きたい時はスタッフ予約をし、ガソリン代も申請します。

課外活動に行きたい時も同様です。これまで、様々なお出かけをしてきました。

美術館や博物館、爬虫類カフェやブックカフェ、映画鑑賞、芸大の作品展、公園、アスレチック、お花見、虫探し、登山、雪遊び、工場見学、アイススケート、遊園地、高校見学などなど。

誰かが「行きたい！」と提案し、予算や移動手段、引率するスタッフの予定、時間的なことなどを相談し、承認されれば実現します。

申請した人は、「全員を誘って参加者を募るみんな行事」にするか、「スタッフ一人が引率できる人数だけの少人数行事」にするかを決めます。それによって、予算や日程調整などが大きく変わってきます。

少人数の場合は、車一台に乗れる人数まで参加可能となり、議事録に参加希望者の名前を書く欄が作成されます。ミーティングに出ていなくて議事録も確認しない人は、知らないままで終わることもあります。

全員にお知らせして希望者を募る場合は、スタッフも全員動くことになるので、その行事に参加しない人はお休みになります。そのため、ある程度の期間を空けて予定を立てたり、参加者を募ってから参加する人たちで日程を決めるなどします。

また、宿泊を伴う大きな行事も年に一回ほど実施しています。この場合は決めることが多岐に渡るため、参加者全員でミーティングをして話し合います。ミーティングに出席できない人は前もって連絡をして、ビデオ通話などで参加するか、決め事はみんなに委任して後日詳細を確認するかなどを伝えておく必要があります。参加希望を出していても、ミーティングに不連絡で欠席した人は、参加できない場合もあります。

ASOVIVAの車は二台で、運転手を除くと一度に十一人しか移動できません。参加者が多い行事は二十名ほどになるため、移動手段を考えるだけでも骨を折ります。レンタカーを借りるには予算も必要です。電車と車に分かれるには、それぞれの家からの交通手段や年齢を考慮します。

一泊二日をどのように過ごすか？　食事や買い出しはどうするか？　移動グループごとに集合時間や場所などを一つ一つ決めていきます。

食事内容を決めるだけでも大変です。カレーが好きな子もいれば嫌いな子もいて、最終的にはカレーとハヤシライスの二種類を作ろう、となったりします。チキンなのかビーフなのか、それぞれの希望を出し合い、とりまとめて決めるのも子どもたち。だんだん疲れも出てきますし、全く話を聞いていない子もいます。

理解の度合いも様々で、すぐに忘れてしまう子も。そんな状態でも、なんとかがんばって決めて、決めた内容に沿って決行することで、ただ遊びに行く以上の達成感や一体感、充実感や疲労感、いろいろ混ぜ合わせた感動が待っています。

一人で思う存分何かに没頭したり、暇を持て余して退屈に苦しんでみる。昔は、子ども時代にそんな贅沢な時間を過ごせた人が多かったのではないでしょうか。今の子ども達は、学校以外にも習い事や塾が多く、決められたこと、与えられたことをすることで大忙しです。

また、地域の異年齢の子ども達で遊んでいたような余白の時間も減り、今は電子ゲームの時間に置き換わってきました。ゲームの中では、世界観やルールが決められている中で遊ぶので、自分で遊びを生み出したり、ルールを作ったり、臨機応変にルール変更をするなどの工夫をする必要がありません。

分からないことがあれば、すぐにスマホで検索して答えを求めることも、現代の子ども達の当たり前になっています。

学習環境だけでなく、遊びの時間も、**「自分で考える」**ことと**「みんなで話し合って決める」**機会がどんどん失われているように思います。「社会に出たら必要」と言われている力は、子ども時代に思う存分、自分の頭と身体を使って遊ぶことで培われていくものが多いのに残念なことです。

ASOVIVAでの電子ゲームと動画視聴については、現在は制限があります。ゲームデーと呼ばれている「一日中ゲームをして良い日」がある週は、他の日は禁止。次の週は、毎日十一時から午後一時までの二時間ずつゲームをして良い。その翌週は、また一日がゲームデーで他の日は禁止。というように、一週ごとに変わります。

もともとは無制限でゲームをして良かったのですが、全面的に禁止にしたいという議題が出されたことで激震が起き、何度かの話し合いを経て今のスタイルになりました。

『子ども費』

スクール内での活動に使うお金を「子ども費」と呼んでいます。毎月の学費と、サポーターの皆さまからの寄付金から一定の割合で毎月充当しています。月ごとに若干の変動はありますが、現在は一カ月約六万円の予算です。

子ども費は、子ども達みんなで管理し、スタッフが補助をしています。使い道は大きく分けて三つです。

・活動に使う材料や道具、本や遊具などの物品全般
・課外活動に必要な交通費や入場料など
・外部講師に依頼する時の講師料や休日の活動にスタッフが依頼を受けてサポートした時などの人件費

日用消耗品は法人の運営費で賄い、子ども達の活動で特別に多く使用するもの、例え

ばプリンターのインクを使用する場合などは、子ども費から一部負担してもらいます。
子ども費の清算は、申請して使った人がその都度行います。

・帳簿の記録
・帳簿の残高と現金の照合
・領収書類を保管ノートに貼付

車で出かけた時は、ガソリン代も子ども費から清算してスタッフに渡し、領収書を書いてもらいます。清算作業が一人では難しい子は、スタッフがサポートをします。寄付金の一部も入っているので、使途不明金が出ないように一円まで相違がないように記録管理しています。

みんなで出かけるような大きな行事を企画する時は、交通費や入場料、宿泊費などで予算が高くなるので、予算の確保をどうするかもみんなで考えます。

『評価』

ＡＳＯＶＩＶＡには、評価制度は何もありません。テストも成績表もありませんし、みんなが思い思いに自分の興味関心に沿った活動をしているので、比べることもありません。

「学習はどうするんですか?」という質問を受けることがよくありますが、その子にとって必要な学習は、その子の興味関心の中にあるという考え方です。

例えばポケモンカードに熱中している子ども達を見ていると、小一でも、すごい速さで対戦を展開していきます。お互いの攻撃力と生命力を差し引きする計算を、みんなが暗算でこなしています。計算を間違えると、対戦結果にも影響してくるので真剣です。

お菓子作りを例に取っても、様々な学習が詰まっています。

レシピを読むには国語、分量の計算には算数、材料の買い出しやお金の計算、道具の使い方や片付けといった生活力。

科学や地理などに発展していくこともあります。

川で捕まえたカニや魚を調理して食べてみることもありますし、アニメの世界にはまったことがきっかけで文学小説を読み始める子もいます。

内発的に起きてくる好奇心や探究心は尽きることがなく、一見、何の関連もないように見えるものへも繋がり、深まり、広がっていく可能性に溢れています。

そこに、他者がいったいどのような評価を与えられるでしょうか。

評価があるとすれば、自己評価。どんなことがらに何を感じ、何を学び取っていくかは、全てその子自身のものです。他者から与えられる評価で自分の価値を決められるような学びは、ASOVIVAには存在しません。

『在籍校との関わり』

ASOVIVAには、広範囲から子どもたちが通っています。近隣から自転車で来る子もいれば、一時間以上かけて電車とバスを乗り継いで来る子もいます。

それぞれの子が在籍する公立の小中学校は、自治体によって対応が違う部分もありますが、希望者の九割以上がＡＳＯＶＩＶＡに来た日を学校の出席として認定されており、毎月、スタッフが各学校に出席状況を報告すると、出席日数に反映されます。

学校によっては、時折、担任が子どもの様子を見に来られることもあります。その場合は本人の意向を確認し、子ども自身が会いたくないようであれば、遠目に姿を確認してもらうだけにしています。学校に対して恐怖心を抱いている子もいるので、学年が上がるなどして直接関わったことのない担任になっていても、「先生」という立場の人に会うことに抵抗が強い子もいます。

直接、本人と担任が話すことももちろんあります。中には、卒業アルバムの写真をＡＳＯＶＩＶＡまで撮影しに来てくれたり、卒業証書を授与しに来てくれた方もいました。また、時々電話で子どもの様子を伝え合うこともあります。学校とＡＳＯＶＩＶＡを併用している子について、それぞれの場での過ごし方などを共有しておくことで、多面的な視点での見守りができることもあります。

ＡＳＯＶＩＶＡは、学校関係の方が見に来られることを歓迎しています。教育委員会や校長、教頭、教務主任など、担任以外の方も来られると、担任任せにしない学校や自治体の姿勢を嬉しく思います。逆に、最も寂しく感じるのは、誰も来ない学校です。

また、ほとんどの学校で出席扱いになっているのに、認定していない学校も一部あることも不思議です。住んでいる地域によって在籍する学校が決められ、同じ公立であっても、これほど大きな差があるのが現状です。自治体によって公平さに対する認識が違うというのも、【多様な社会】ということでしょうか。

私たちには、本当の意味で【子どもを真ん中に】した大人の繋がり、関わり合いを築いていく努力が必要です。子ども達の成長は、年度末に終わるものではないし、主に属する場が変わったからといって終わるものでもありません。【子どもを真ん中に】という言葉を聞こえの良い便利使いで終わらせず、子ども達の健全で幸せな成長を長い目でサポートしていくためのスローガンとして、大切に胸に刻んでいたいと思います。

小2と小6。ASOVIVAで出逢って半年。兄弟のように仲良く過ごしています。

7章「問題解決力」の項で話し合いに呼ばれて参加している3人。

第7章

実践エピソード

ASOVIVAにおける「心のレジリエンスを高める7つの要素」から見る変化や成長

『心のレジリエンス』

ＡＳＯＶＩＶＡに通うようになって、元気や自信を取り戻していく子が多いことをただ喜んでいたのですが、次第に「ＡＳＯＶＩＶＡの何が、子ども達に元気を取り戻させているんでしょう？」という質問をされることが増えました。

「何かを強制されることもないし、自分の思うように過ごせるし、みんなが個性を出せてるから、自分もこれでいいんだと思えるし、自己肯定感が上がるからじゃないか」と、感覚的に捉えていました。でも、「どうしてそういった要素が自己肯定に繋がるのか？」「どんな環境だとそれらが可能になるのか？」と、もっと具体的に説明できる言葉を見つけようと思いました。

三人寄れば文殊の知恵！　何とか絞り出そうと、スタッフ三人でキーワードを出したり、関連性を考えたりしました。自分たちが出した要素を見ていたちーかが、最近知ったという「レジリエンス」という言葉を教えてくれました。「どれどれ？　何それ？」と調べていくうちに、「これだ！」と思ったのです。

レジリエンスという言葉は、もともとは『弾力』『弾性』という意味で、圧力が加わっても元に戻る力を指すそうです。これが心理学でも用いられるようになり、「回復力」「抵抗力」「復元力」「耐久力」「再起力」などと訳され、総合して【ストレスを受けても、しなやかに立ち上がり、対応していく心の回復力】といった意味合いで使われるようになりました。ＡＳＯＶＩＶＡでは、「辛いことや困難が訪れてもしなやかに適応して、自分で立ち直ることのできる強さ、柔軟性」と表現しています。

全米心理学会では「逆境や困難、強いストレスに直面したときに適応する精神力と心理的プロセス」と定義されているそうです。

心のレジリエンスを高めるために策を講じていたのではなく、**子ども達の主体性を尊重した環境作りが大切**だと思って取り組んでいたら、知らず知らずのうちに子ども達の心のレジリエンスが高まっていたのです。

学校の先生が見学に来られて、学校とＡＳＯＶＩＶＡでの姿があまりに違うことに驚かれたことがありました。学校ではほとんど話すこともなく、肩をすくめて固まってしまっていたのに、ＡＳＯＶＩＶＡでは大きな声で友だちと談笑し、元気に動き回っていると。

私たちスタッフに見えているのは、子ども達のごく一部の面だけです。どの子にもいろんな顔があり、言葉にすることで「この子はこういう子」とラベルをつけることは望んでいません。変化があることばかりを良しと思っているわけでもありません。

ただ、ストレスが全くない状態というのは成長にも繋がりませんし、実際にそんな環境で生きることはできないという観点から、心のレジリエンスを高められる環境作りの大切さと、実際にどのような変化に繋がるのかということを知っていただきたくて、幾つかエピソードを交えて紹介したいと思います。

心のレジリエンスを高める要素はたくさんありますが、特にＡＳＯＶＩＶＡで高まっていると感じられる要素を【ＡＳＯＶＩＶＡにおける心のレジリエンスを高める七つの要素】として挙げています。エピソード内のイニシャルは実際の子どもの名前と関連性はありません。

『自分を知る力（自己認識・気づき）』

好きな時間にしたいことをして過ごすことができるので、「自分はどんなことに興味があって、どんなことが好きなのか」に向き合うことができます。またその人の気持ちや感情に寄り添い、否定することなく受け止める土台があるので「自分はこうなんだ」と自然に認められるようになります。

Aくんは、服が汚れたり、草むらや山で遊ぶようなことを嫌がっていました。まだASOVIVAに通うようになって間もない頃、みんなで雪遊びをしていて靴とズボンが少し濡れてしまったことがありました。みんなで雪のかけ合いをしていたのですが、とても嫌な気持ちになったようです。嫌だったと雪をかけた相手に言うこともできず、気持ちを切り替えることもできず、ただただ、しばらくの間、足元を見つめたまま立ち尽くしていました。

数カ月後、躊躇しながらも、みんなの後をついて草木の生い茂っている森の中へ、虫を探しに入っていくAくんの姿がありました。また別の日も、みんなで山へ行っていて、わざわざ崖を上がっていく男子たちについて崖を上がっていくAくんがいました。

以前のAくんだったら、嫌がって一緒には行かなかっただろうと思い、「嫌じゃなかったの？」と聞いてみたことがあります。

「嫌やねんけど、みんなとだったら行きたい。嫌やなぁってめっちゃ悩んだけど、行ってみたら行けたし、楽しかった」

その数カ月後、みんなで大きな公園に遊びに行った時にAくんが打ち明けてくれたことがあります。

「こんなに離れた場所から呼んでもちゃんと聞こえてる。学校に行ってた時、ぼく、みんなに無視されてたんや。もっと近い場所から呼んでた時も、みんな返事してくれへんかった」

Aくんから学校に行っていた頃のことを聞いたのは、それが初めてでした。自分からいろんな人に気さくに話しかける彼が、ひとりぼっちを味わって寂しい思いをしてきていたことを知って、とても驚きました。

ASOVIVAで、「みんなと楽しむ自分」「苦手なことも、みんなと一緒ならできてしまう自分」に出会ってくれて嬉しく思っています。

『柔軟に考える力（柔軟性）』

ミーティングで、一人一人が意見や考え、思いなどを伝え、じっくり聞き合います。そういう意見もあるのか。などと他の人の価値観に触れることで幅を広げて考えられるようになります。

みんなで飼っているニワトリを食べるかどうか、小学生たちが真剣に話し合った時のことは、伝説となっています。当時、卵から孵化させてヒヨコから飼育していたニワトリが三羽いましたが、近隣へのご迷惑となるため、成長したら毎日鳴くであろう雄鶏をどうするかという話し合いでした。

選択肢は二つ。卵でもらった養鶏場に引き取ってもらう。自分たちでシメて食べる。

子ども達の思いは四通りほどありました。

「当然、食べる。雌鶏も卵を産まなくなったら食べる」

「当然、引き取ってもらう。雌鶏は寿命がくるまでペットとして飼い続ける」

「どちらでもいいけど、食べてみたい気もする」

「どちらでもいいけど、殺すことには抵抗を感じる」


ニワトリには、子ども達が「ヤキトリ、だいふく、おこめ」と名前をつけていましたが、いずれは食糧になると思っていた子は、食べることに猛反対する子がいることに、とても困惑しているようでした。自分でさばく経験ができることも、彼にとっては楽しみだったのです。ペットと思っていた人は、まさか殺して食べたい子がいるなんて、正気の沙汰とは思えないというほど、驚いているようでした。何が何でも阻止したいと思っているようでした。


一回の話し合いでは決着が尽かず、日を改めて話し合うことになりました。二回目の話し合いの前、食べようと思っていた子が、頭を抱えて考え込む姿がありました。

「すごく難しい。殺したくないって言ってる子の気持ちも尊重したいよ。理解はできるからでもやっぱり、さばいてみたい。だって、みんな鶏肉食べてるやん？　どうしたらいいのか分かれへん」

日常的に当たり前に食べている鶏肉と飼っているニワトリが結びついている子と、どうしても結びつけられない子。どちらも間違ってはいないけど、どうするかを決めなくてはなりません。誰も投げ出さずに、がんばって話し合いました。

みんなが出した結論は、「雄鶏だったら食べる。雌鶏は食べない」でした。どちらにとっても大満足ではないけれど、折り合いをつけ合って決めた着地点です。双方が思いを真剣に伝え合ったからこそ、「致し方なし」と部分的に諦めることを受け入れることができました。ただお菓子を食べる食べないと言った話ではなく、生き物の命についてのやりとりでしたから、スタッフにとっても、深く考えさせられる話し合いでした。

それから数カ月後のある朝、ヤキトリが鳴きました。

『自分を大切にする力（自己肯定感・自尊心）』

嫌だと思うことがあったら、ミーティングで話し合うことができる。自分のことは自分で決める。みんなのことはみんなで決める。そうして過ごすことで、自分自身が人生の操縦席に座ることができ、ありままの自分を認められるようになります。

「とうとうヤキトリが鳴いて、雄だと分かりました」

ミーティングで、決行する日を決めました。

「見たくない人は休んだり、見ないようにしたらいいからね」

ＡＳＯＶＩＶＡの行事は、参加するかどうかや、どのように参加するかを各自が自分で決めます。それぞれが、「自分はどうしたいか？」と、その日の自分の行動について考えました。

積極的に参加する子たち、休むと宣言する子、どうしようか悩む子、ちょっと離れたところから見ていたい子、参加はしないけど食べたい子。そのどれもが尊重されました。

殺したくないと言っていた子の一人、Bくんは決行の日の朝、ヤキトリを抱いてお別れをしているようでした。庭にある卓球台の上でシメることになり、参加する子や見たい子は、その周りに集まりました。Bくんは、直接は見えない距離のところに座りました。

Bくんの行動には、とても胸を打たれました。休んだり、全く見ないという選択もあったのに、敢えて庭の片隅に座って見守ることを選んだ。その心中を思うと堪らない気持ちになりつつも、包丁を手にガタガタと足を震わせながら勇気を出してシメようとしている子をサポートするために、ヤキトリを抑える手に力を入れました。

みんなに関わることは、みんなの責任で話し合って決めるけれど、その結果に対して個人としてどう関わるかは、可能な限り一人一人の思いと選択を尊重し合っています。尊重される環境では、安心して「自分はどうしたいか?」「自分はどんな気持ちか?」と自分に問いかけ、それを表現することができるので、自然と自己肯定に結びついていきます。

『自分をコントロールする力（感情コントロール・自制心）』

何か出来事が起こった時、その事に関してどう感じるかは人それぞれ違います。出来事が感情を創り出しているのではなく、「解釈フィルターが感情をつくりだしている」のです。ミーティングではそれが顕著に現れるので、自分フィルターに自然に気づくことができ、自分の意思で自分の気持ちと向き合いそして寄り添いながら、行動する力が身につきます。

ミーティング以外の場でも、小さな話し合いをすることがあります。特に小学生の男子同士でトラブルが起き、本人同士で解決できていない時には、その場でスタッフが入って話し合いをします。

一番大切にしているのは、どちらの言い分も同じように聞き、双方の気持ちを伝え合えるようにサポートすることです。どうすれば良かったかという話の前に、どんな気持ちでその行動をしたのかを、お互いが理解し合えていないことがほとんどだからです。

Cくんは、自分の気持ちを言葉で表現することが苦手で、気持ちを伝えずにいきなり行動で表してしまうことがありました。遊んでいる途中で何か嫌なことがあったら、それを言わずに突然友達を押してしまったり、急にその場からいなくなったりすることがありました。

相手の視点に立つと、「いきなり押された」「勝手にやめていなくなった」となり、やり返したり、文句を言ったりすることになります。

Cくんは嫌なことがあって悲しかったのに、何人かに責められたり、やり返されたりして余計に辛くなり、泣いてしまいます。他の誰かの目に止まるのは、だいたいこのタイミングで、「Cが、DとEに泣かされてるで」と、スタッフの耳に入ります。

こんな時は、まず何が起きたのか、本人や見ていた人から状況を聞き、それぞれがどんな気持ちだったのかを確認します。

「Cは、○○されて嫌だったんだね。悲しい気持ちやってんね」

「DとEは、いきなり○○されて腹が立ってんね」

といった具合に、どちらの気持ちも否定せず、言葉に変換するのを手伝います。落ち着いてお互いの気持ちが理解できると、「そうだったんだ」と納得ができます。その後で、「どうすれば良かったかな?」と、考えてもらいます。

同じようなことを何度も繰り返し、少しずつ自分の感情を言葉で伝えたり、感情と行動を分けて考えられるようになっていきます。感情語が難しい子には、表情で気持ちを表わした絵カードを使ってもらうこともあります。

Cくんも、自ら「困ってる」という絵カードをスタッフに見せに来てくれることがあります。自分でどうしていいか分からなくなった時、以前は目立たない場所で一人で泣いたり塞ぎ込んだりしていましたが、今では絵カードも使わずに、助けを求めてくれるようになっています。

『安心する力(楽観性、きっとできる)』

「自分自身を信頼し、自分にはできる」という基礎があれば、将来に対して不安になるばかりではなく、こんなこともあんなこともできそうだと未来を描いて創り出していくことができます。不安要素ばかりに目を向けるのではなく、何ができるかという視点を持つことができます。

何かに躓いた時、物事がうまくいかなかった時に、楽観的な人は自分自身以外のものにその原因を見ることができます。「練習量が少なかった」「準備が足りなかった」「タイミングが良くなかった」など、条件が良くなかったのが原因で、改善できるものと、自分にはコントロールできないものを区別し、改善できることを次の課題にすることができます。

対して悲観的な人は、全部ひっくるめて「自分がダメだから」と自己否定的に捉えて自分を責めてしまい、「どうせ自分なんて何をやってもダメなんだ」と、自分の存在価値まで否定します。

同じことに取り組んでいても、前者はどんどん自信を高めていけるし、後者はどんどん意欲を失くし、何にも取り組まなくなっていきます。

また、楽観的な人は、うまく行った時には自分を称えることができます。「がんばって良かった」「次はもっとがんばろう」「私って天才」「僕ってかっこいい」「やればできる」「次もいける」。そして、周囲の人にも好意的な感情を抱きます。「ありがとう」「また一緒にやろう」と、感謝や喜びと共に人と関わっていくことができます。

では悲観的な人はどうでしょうか？　うまく行ったことは、自分以外の要因のおかげだと思います。「あの人がいたから」「たまたま良い条件が重なっただけ」「自分は何も貢献できていない」と捉え、「次もうまくいくわけじゃない」「自分はいない方がもっとうまくいくんじゃないか」など、次へ向けても消極的になります。周囲の人にも、罪悪感や劣等感を抱いてしまい、関わることさえ億劫になってしまいます。

こうして比較すると、子ども期に楽観性を身に付けることは、その後の人生に大きな影響を及ぼしていくことが分かります。ですが残念なことに、本来は持っていた楽観性を、成長と共に潰されていく傾向にあるのが、今の日本社会ではないかと感じています。

ＡＳＯＶＩＶＡでは、滅多なことでは「叱られない」「怒られない」「人と比べられない」という安心感の中で、「子ども自身」の中から生まれる「やってみたい」という好奇心が、「やってみよう」に変わり、そして「やってみる」行動へと結びついていくことを大切にしています。

その中で小さな間違いや失敗もたくさん経験しながらも、達成感を繰り返し味わい、自己効力感や自己有用感、自己信頼感などが総合的に高まり、自分への自信や楽観性を身に付けていけると考えています。

それまでの環境要因でものごとを悲観的に見る傾向が強くなってしまった子が、楽観性を取り戻すことは、一朝一夕にできることではありません。

Ｆちゃんが初めてＡＳＯＶＩＶＡに来たのは、小二の頃でした。ほとんど喋らず、頷くか首を振るかでコミュニケーションを取っていました。スタッフがほぼ常駐しているダイニングの椅子に座り、そこに出入りする人たちの様子や会話をじーっと観察して過ごす、という日が二週間ほど続いたでしょうか。

少しずつ関わりが増えるにつれ、Ｆちゃんの個性が発揮され始めました。ゲームをするととても負けず嫌いだし、かなりの戦略家。それも、どんな戦略を立てているかを悟られないように、最後の最後まで手がバレるようなヘマをしません。そして、実にスマートに勝利していきます。

積極的にルールを教えてくれたり、年下の子の様子を気にかけて、さらりとサポートをしてくれる気配りの人でもあるし、工作をしても器用です。頼りがいのある優しいお姉さん。そんな面もありますが、Fちゃん自身は、頼ったり甘えたりするのが苦手だったりします。

Fちゃんにとっては初めての、みんなで遠出して宿泊する行事が企画された時のことです。参加するかしないか、とても悩んでいるようでした。何度かのヒアリングを通して、Fちゃんが抱えている不安が見えてきました。

いつもは家で作ってもらったお弁当を持って来ているので、「行った先で出た食事が食べられないものだったらどうしよう」という不安です。給食などで、食べられないことを言えない経験をしたことがあるのかも知れません。でも、今回はその不安を伝えてくれました。

「残しても大丈夫。食べられないものがあったらスタッフに言ってくれたらいいよ」と、対応できることを伝えるうちに、「参加する」と決めることができました。旅行中は、実際には食べられない物はほとんどなかったし、事前に伝えてくれていたことで、食堂では同じテーブルで一緒に食べながら様子を見守ることができました。

不安に感じていることを誰かに伝えられる力はとても大切ですし、何かが起きた時に「どんな対応をすれば良いか？」ということで、「自分には対応力がある」「誰かに頼って助けてもらってもいい」と、安心できる力へと繋がっていきます。

初めてやって来た子たちが、どの場所でどのように過ごすかは様々で、とても興味深いです。初日からいろいろな人に話しかけたり、一緒に遊んでみる子もいるし、一カ月くらいは建物の中にはできる限り入らず、庭で虫と戯れ、縁側に座ってお弁当を食べていた子もいます。

「その場が安全かどうか？」「自分が馴染めるかどうか？」を子ども自身が感じられるまでの期間や方法は、その子によって随分違います。どのように過ごしても良い場で、実際に各々が思い思いに過ごしているのが見える環境だから、それぞれの違いが見えやすいのだと思います。いつ、何をどのようにするかが決められている環境では、こういった個性や特性も隠れてしまいがちです。

「与えられる方が楽な子もいる」というのは当然のことで、決めてもらうのは楽なことです。自分で決めていく力を、「決められ、与えらえることに慣れ過ぎる」環境の下で育むのは、とても困難です。

「どこに座ってもいいよ」と言われると、困惑して立ちすくんでしまう子は、多くの物事を周囲に決められてきている子が多いです。ここ数年は、何でもかんでも発達特性のせいにすり替えがちですが、どんどん変化して自分で決めていく子どもたちの姿を見ている者としては、「決めさせない環境」が与えている害を思わずにいられません。

『人との繋がりを持つ力（共感力・信頼関係）』

一人一人が自分を大切にし、お互いの思いや考えを尊重することで「自立した関係性を築く」ことができます。お互いを認め合う中で安心しあえる関係性を築いていきます。

Hくんは高一の春、仕方なしにASOVIVAにやって来ました。提携する八洲学園大学国際高等学校にも、同時に入学しました。ミーティングで入学したい意思表明をした時の彼の言葉は、「他に行くところないがないから、仕方なく」でした。

入学してから一カ月ほどのHくんの居場所は、毎日ミーティングをしている和室の片隅でした。トイレに行く時だけ動き、持ってきたお昼ごはんもその場で食べます。ほとんどの時間をごろんと横になった姿勢で、本やスマホで読書をするか、寝て過ごしています。

ずっと同じ姿勢でいることが気になって、ちょっと物を運ぶ程度のお手伝いを頼んでみると、嫌な顔をせずに応じてくれます。たわいもないことで話しかけても、相手をしてくれます。でも、あまり自分からは他人に関心を示しません。

Hくんが関心を示すことの多くが、生き物に関することでした。ウシガエルの飼育について話していると、生き生きした目で飼育環境について教えてくれて、「あ、こんなに喋る人なんだ！」と驚いたのを覚えています。今では、あんなに無口だったのが信じられないくらいなのですが。

Hくんは、小学生の男子たちが騒々しいことがとても嫌だったようです。人への関心の無さがどの程度かというと、名前を憶える気もなくて、「小学生①」「小学生②」と番号で呼んでいたくらい。

せっかく和室で、横になりながらでもミーティングの話を聞いてくれていたのに、あまりの騒々しさに耐えられなくなって、和室から茶室へと居場所を変えてしまいました。茶室には扇風機しかないので、「窓開けてる？　大丈夫？　水分取ってる？」と、時々茶室を覗いて、短く声をかけるだけの日がしばらく続きました。嬉しかったのは、茶室に移動した後も、ミーティングには顔を出し続けてくれていたことです。

人には関心がないけど、話している内容には関心があったのだと思います。議題によっては意見を出してくれることも増えていました。

夏真っ盛りの暑い日が続き出した頃、Hくんが初めてミーティングで議題を提案しました。

「茶室が暑すぎるから、クーラーがほしい」

この提案がきっかけで茶室のエアコン取付けについての検討が本格化し、翌年には設置されることになるのですが、すぐに実現することは難しく、その時は対応策を話し合いましたが、良い案は見つかりませんでした。

Hくんはまた仕方なく、創作室や店舗など、静かで暑さを凌げる場所を転々としながら過ごすようになりました。

その頃、山の活動場所である原っぱ（現・びばっぱ）の開拓を一緒にするために、第二章で登場した布施和樹さんこと、ふっさんが代表を務める、「せこ研」という学生サークルの皆さんが来てくれるようになっていました。Hくんは、山で竹を切ったりする活動にも積極的に参加することが増えていきました。

「うるさいから嫌い」と避けていた小学生たちも、山で一緒に活動をするうちに、いつの間にか名前で呼ぶようになっていきました。ふっさんも、小学生男子がほとんどの中で唯一の高校生男子であるHくんとは、一緒に作業をしたりお喋りをする機会が多く、Hくんが関わる人が、少しずつ増えていきました。

作業をする様子を見ていて、自分には難しくて無理だと感じたことは「めんどくせー」というクセがあることが見えてきました。本当に面倒に感じている時もあったと思いますが、サポートがあるなら取り組みたいことでも、「めんどくさい」と言う表現で諦めているようでした。

そして十一月、Hくんが激変する時がやってきました。たった一人で行く、一週間の沖縄へのスクーリング参加です。

小さい頃に飛行機に乗ったことはあるものの、一人で手続きをして搭乗し、知っている人が一人もいない場所で一週間を過ごす。高一の男の子にとっては大冒険です。お母さんもとても心配されていましたので、空港で見送る時の胸中は穏やかではなかったと思います。

Hくんは、小中学校で不登校だったわけではありませんが、「面白くなかった」と話してくれたことがあります。友達がいなかったわけでもないけれど、とても嫌な思いもたくさんしてきたようでした。他人への関心の薄さは、孤独感から心を遠ざけるための、無意識の防御だったのかも知れません。

一週間後、スクーリングから戻りＡＳＯＶＩＶＡへやって来たＨくん。どうなっていたと思いますか？　晴れ晴れとした力強い面持ちで、「友達ができた」と、教えてくれたのです。

とても嬉しそうで、とても誇らしげなＨくんのあの表情は、何度思い出しても涙が出そうなほど感動的でした。あんな表情を見せてもらえて、とても幸せです。

後でお母さんから聞いたことですが、Ｈくんのご家族も、彼の口から「友達」という言葉が出たことに、とても驚かれていたそうです。

できた友達は一人ではありません。何人か、気の合う仲間ができたそうです。それ以来、ＡＳＯＶＩＶＡでも他の子のことを気にかけてくれるようになりました。カブトムシを飼う話をしているのを聞いて、家に余っている何キロもある土を持って、電車に乗って来てくれたことがありました。今でもうるさく騒がれるのは苦手ですが、もう、番号で呼ぶことはありません。

もう一つ、大きな変化がありました。

「沖縄に一人で行けてんから、もうどこへだって行ける」という自信です。自分への信頼感を持てた時、意欲がぐんと高まります。

「バイクの免許がほしい。バイトがしたい。九州の友達に会いに行きたい」

ＡＳＯＶＩＶＡへ数駅先から電車でやってくるＨくんは、それまで一人で電車に乗ったこともなかったそうです。

彼の世界は、一気に広がりました。

『問題解決力（想像力・実行力）』

困ったことが起きた時、まず自分がどうしたいかを考え、一人でどうしようもない場合は相談してみんなで決めていきます。スタッフもそれをサポートします。それを繰り返すことで、自然と困難に立ち向かう力がついていきます。

「水遊びについて話したいことがあります」

ある日のミーティングで高校生のIちゃんが議題を出しました。

「みんな、水遊びした後にボトボトのまま帰ってくるやん？　出入口の階段にあるみんなの靴も踏みながら上がってくるやん？　靴が濡れて困るし、靴脱いで上がるところの板もボトボトやから靴下も濡れて困るねん」

該当する男の子たちは、事前にIちゃんから議題のことを伝えられ、話したいからミーティングに出てほしいと言われていました。

小二の子たちが三人、並んで座って話を聞いています。

「キッチンも、ボトボトのまま通って行くやん？　あっちこっちびちゃびちゃで、みんな困ってるねん。どうしたら、みんなの靴とか家の中を濡らさなくて済むかな？　っていうのを、考えてほしいねん」

「ふくー」

「タオルでふくー」

　と対応策を提案する少年たち。

「あ、うん。遊ぶ前にタオルを用意しておくっていうのは、前にもう決まってるやん？　それができてないから、今またこうして話してるねんな。どうしたらいいと思う？」

「……」

　チーン。という表情で黙る三人。当人たちには、もうそれ以上の名案が浮かばないようだったので、ミーティングに出ていた他のメンバーとスタッフで、いろいろな案を出してみました。

「水遊びする時の出入口を変えるのはどう？」

「そもそも、靴を履かずに裸足で遊んでそのまま入って来てるねん」

「それも困るよね。泥が入ってくるし」

「サンダルを、子ども費で買うとか？」

聞いていた三人が、口を開きました。

「おれはサンダルあるから大丈夫」

「おれもあるー」

「おれはないけど、靴はくからいい」

なぜか、子ども費での購入を辞退。

「じゃぁ、外では靴とかサンダルを履いてな」

「うん」

「遊んだあとのホースも、そのままやねん」

「あれは、ほんとに困る！　あの長いホースはＡＳＯＶＩＶＡのじゃないねん。何回も伝えてるけど、大家さんのやねん。だから、必ず使った後は巻いて戻してほしい」

困りごとが更に増えてしまいました。

「出入するのは、縁側に変えてもらうのがいいと思う。水遊びしながらトランポリンしてることも多いから、距離も一番近いし。洗面所にも近いから、被害は最小限にできそう」

「そうやね。玄関は前にやってみて失敗に終わったし。ジョウロで足を洗う作戦もあかんかった」

むむむ……。と、みんなが頭を抱えて話し合っている最中、三人は目の前のポケモンカードに気が移っています。

「聞いてる？」

「聞いてるー」

「今は話してるから、カードは持たんといてほしい」

手に持っていたカードを床に置いて、またちょっと神妙な面持ちを浮かべてみせます。

「今は何て言ってた？」

「えっと、こっちから出る？」

「そう！」

こんな調子ですから、なかなか進みません。みんな、楽しく遊んでほしいという思いは同じです。まずは本人たちで考えてみてもらい、良い案が浮かばないなら、みんなで考えます。「どんなことなら、この人たちが自らできて、遊ぶことを続けられるだろう?」と、できるだけ禁止や制限を設けずに環境調整をすることを、案を出せる人たちで試行錯誤します。

今回は、水遊びをする時に五つのルールが設けられることになりました

①外に出るときはサンダルか靴を履く。裸足で遊んだ時は外で足を洗う。

②縁側から出入りする。

③ホースを巻いて片付ける。

④縁側にタオルと着替えを持って来ておく（できるだけ家から持参。ＡＳＯＶＩＶＡのタオルを使ったら、洗濯機で洗って干して帰る）。

⑤着替えた後、廊下を拭く（使った雑巾は洗って絞って干す）。

それほど難しいことではありません。彼らはもっと難しいことができるので、これくらいは朝飯前です。ただ、「忘れる」し「めんどくさい」のです。

「今、五つやってもらうことが出たけど、いい？　できそう？」

Ｉちゃんが聞きました。

「できそうー」

「できるー」

「じゃぁ、五つ、何をやるか言ってみて」

　こうして、三人それぞれに五つを言ってもらい、今日は来てなくて水遊びする子にも、伝えてねとお願いして、この話し合いは終わりました。

　その後、どうだと予想されますか？　時には声をかけ合い、協力もし合いながら、何とか実行してくれています！

　濡れている廊下を拭いてくれている姿を見かけたら、「拭いてくれてる！　ありがとう！」と声をかけます。

　自分たちは気にならないし困っていないけど、みんなのために協力してくれている。がんばって意識してくれていることへの感謝の気持ちは、忘れずに伝えるようにしています。みんなが心地よく場を共有して過ごすためのルールですから、違反を取り締まる人はいません。守れていなかったら、ルール設定の見直しや、状況の確認をすることが多いです。

　今では、階段の靴や、床が濡れていることは、ほとんどなくなりました。

ボトボトの服が入ったビニール袋が、何日も放置されていたりはしますが。

第8章

人とのつながり

「結局、最後は人」でしかない

『巻き込まれてください』

ＡＳＯＶＩＶＡは多くの方からの支えで成り立っています。民間のフリースクール事業にはまだ公的な予算がつかないことが多く、誰かが思いをもって開校しても、継続できずに終わってしまうことが多いのが現状です。全国的に見れば、公設のフリースクール等を設置する自治体も出てきましたが、年々増加している不登校児童生徒数に対し、公的支援は圧倒的に不足しています。

そもそも、公的な支援が行き渡っていれば、ＡＳＯＶＩＶＡは誕生していません。本来であれば、教育を受ける権利は憲法で保障されています。

日本国憲法　第二十六条

一、すべて国民は、法律の定めるところにより、その能力に応じて、ひとしく教育を受ける権利を有する。

二、すべて国民は、法律の定めるところにより、その保護する子女に普通教育を受けさせる義務を負ふ。義務教育は、これを無償とする。

保護者は、子どもたちが幸せに生きていけるように、充分な教育を受けさせたいと思っています。ですが、様々な理由で学校に通えない状況となる子どもたちが、令和四年度には二十九万九千四十八人となったと、文科省から発表されました。

この子ども達の多くは、無償で普通教育を受ける権利を傍受できていません。国が用意した学校に行けないなら、放っておかれてしまうのです。保護者は、教育を受けさせる義務を果たそうと奮闘しますが、無償とされる対象の学校に、何らかの理由で子ども自身が行けない状態では、有料の何かを探す以外にありません。

経済的に余裕のある家庭では、子どもに合った私立の学校や留学、家庭教師や習い事など、無償でなくても様々な学びの環境を整えることができます。ですが、そうしたくてもできない家庭は、教育を受ける権利はないから諦めなさいと言われているのと同じです。

恨み節に聞こえてしまうと思いますが、学校という環境が原因で行けなくなっている側面も多いにあるのに、国からは、他の学び方の選択肢の提示がまだほとんどないのです。

ですから困り果てて、周囲の人たちに「助けてください」とお願いして、自分たちにとって人間力を高められる学びとはどんなものかを、試行錯誤しながら手探りで実践し続けてきて、今のＡＳＯＶＩＶＡが在ります。

資金も場所も経験も知識もコネもなく、あったのは、「何とかしなければ」という思いだけ。そしてそれが子どもたちのためだったから、「助けてください」と人に頼る勇気が出せました。

どんな人にどの部分を助けてもらったかを書くだけで本一冊分になってしまうので割愛していますが、何もないゼロから始めたのですから、想像していただけることと思います。場所一つ探すのにも、申請書類一枚を書き上げるにも、誰かの助けが必要でした。

この子たちに、自分らしく居られる場を。
元気や自信を取り戻せる場を。
人との関係を築く練習が出来る場を。

学校に行けなくたって、大丈夫。自分の道を歩いていく力はつけられる。引け目を感じることなんてない。胸を張って、自分の道を歩くあなたを応援してくれる人は必ずいる。そう感じられるような、安心とパワーが生まれる場を。と願って、ご縁ある皆さまにお願いをして、一つ一つ助けていただきながら、歩いてきました。

「甘えてないで、自分でお金を用意してからやりなさい」
「人の教育に関わるなんて無責任なことをするべきではない」

そんなお叱りの言葉を受けることもありましたが、「何とかしなければ」と思うことに対して、他にどうすれば良いか分からなかったのです。

「わからない、できない」ことがあることは、なんと素晴らしいことでしょうか。そのおかげで、人の温かさ、ありがたさに出会うことができました。見方によっては「自己責任」と言われることも、「みんなの課題」と捉えて一緒に歩んでくれる方たちがたくさんいることを知りました。世界は優しさでできていると感じられること、素敵な人たちと繋がれていると感じられることが、どれほど大切なことかを知りました。

これらは全部、子ども達にも伝えたいことばかりです。ただ言葉で言うだけでは説得力がなかったと思います。自分には力がなくて、自分だけではどうすれば良いか分からなくて、動けなくなってうずくまっている子どもを、ＡＳＯＶＩＶＡに重ね合わせてイメージしていただきたいと思います。

助けてくれる人は、たくさんいるよ。

ひとりで頑張らなくても大丈夫。

思いを形にしていくことは、できるんだよ。

ＡＳＯＶＩＶＡが実際に経験し続けていることが、子どもたちにもじわじわと浸透しています。

一人目の卒業生でもあり、現スタッフの知愛は、ゼロから形にしていくために、周囲の人がどのように助けてくれたかをつぶさに見てきました。学校に行かないという選択しかできず、自分が辛い経験をしたから、後に続く子どもたちのために作りたいという思いはありましたが、何をどうして良いか分かりませんでした。でも、大人の人たちが次々と手助けをしてくれた経験を通して、「何かしたいと思ったら、人を頼りながらがんばったらいいということが分かった」と、十六歳の時に話していました。

後に続く子どもたちも、「ASOVIVAには支援してくれる人がたくさんいる」「お父さん、お母さんがいっぱいいるみたい」と、大きな安心感を感じています。

ただ、この場を継続していくためには、各ご家庭から毎月の学費を負担していただく必要があることが、ずっと引っかかっているところです。

そもそもの始まりが、子どもたちの教育を受ける権利や、学校の代わりに通える場を作るという目的でしたので、どんどんサービスを提供してどんどん儲けたいという思いではありませんでした。NPO法人で非営利活動としているのもそのためですが、継続していくためには経費を賄える収入が必要です。自走するためには毎月の学費を高く設定しないと成立しないことは重々分かっていますが、そうすると通えない人が増えてしまいます。結局、金銭的にゆとりのあるご家庭しか利用できないことになります。

現在でも、大変な状況下の中で学費を工面して通っておられるご家庭もありますし、決して誰でも利用できる金額とは言えません。

開校以来ずっとジレンマを抱えていることではありますが、社会全体にもっと関心が広がり、必要性の高さが認識されることで、法整備も加速できるのではないかと思っています。だからこそ、本人や保護者、直接関わっている人だけじゃなく、もっと多くの人に子ども達を守り育む当事者となってほしいと思っています。

『たった一人でも心が動くと変化が起きる』

人は一人では生きられない、弱くちっぽけな存在ですが、同時に、たった一人でも本気の思いで行動をすると、大きな変化を起こすことができる、パワフルな存在でもあります。

自分は多数の中の少数であると自覚していると、発言したり行動に移すことを諦めてしまうことが多いのではないでしょうか。「言っても無駄」「何も変わらない」「変な目で見られる」という言葉は社会に溢れかえっています。

でもダメ元で言葉にして発信してみると、確かに変な目で見る人もいるし、聞いてくれない人もいます。否定されたり反感を買ったりすることもあります。でも、共感し、励まし、応援してくれる人にも出会えます。

例えば不登校で言えば、随分増えたと言っても、多い学校でクラスの一割くらいです。一割の子が何かしらの理由で学校を休み続けているのはとても異常なことで、一つの中学校の一割近い子が対象なのであれば、フリースクールが一つ作れるくらいの人数です。校舎内に作っても足が向きにくい子も多いので、校区内の空き家などを活用して公設のフリースクールを作ることは、ちょっとがんばったら実現しそうに思います。

実際、民間に運営を委託する公設民営のスクールを設置し、その自治体に住んでいる子どもは無料で利用できるという取組みをされている自治体があるのですから、できない理由ばかり上げずに、「どうすれば可能か?」という視点で取り組めばできることだと思います。そのためには、始めの第一歩を踏み出すしかありません。

それは、誰かが、関係する人を増やすために伝え続けること。諦めずに、ひるまずに、一貫性と思いを持って発信し続けることだと思います。

二・六・二の法則というのがあります。どんな集団でも、二割はポジティブな影響力を持ち、二割はネガティブな影響力を持つ。そして六割は日和見で、その時々の状況や気分や損得によって、どちらにでも変わるそうです。

単純に、自分がその物事に対してポジティブな影響を与えようとする一人目であるならば、四人に話してもネガティブな反応が返ってくる確率の方が多いということです。

特に一人くらいは強烈にネガティブな方へ引っ張ろうとするでしょう。後の三人は無関心だったり、何とも頼りない反応でしょう。でもそこでめげずに五人目に伝えてみると、強烈に応援してくれる人だったりするのです。だから、数人にネガティブな反応をされたくらいでへこたれることはありません。一日でも早く多くの人に伝えて、自分と一緒にポジティブな影響を与えてくれる人に出会う確率を上げるのみです。

たった一人でも、自分と同じ思いを共有できて、本気で一緒に考えてくれる人に出会えたら次の一歩が見えてくる。そうやって、一歩一歩を進み続けることで、やがて日和見をしていた六割の人たちが、一人、また一人と、応援者に変化していきます。

目の前の一歩一歩を歩んでいるうちに、ふと気づく時がきます。

ネガティブな反応をする人よりも、ポジティブな反応をしてくれる人の方が圧倒的に多いことに。

たった一人の人が与える影響力は、とても大きなものです。もし誰かが応援を求めて勇気を出して発信していたら、ぜひ耳を傾けて、共感するところがあったなら、その思いを隠さずに伝えてほしいと思います。あなたの言葉が、ちっぽけな一人の人が岩をも動かす、大きな勇気に繋がるかも知れません。

『思うように関わってください』

いろいろな方に巻き込まれてもらうために意識してきたことは、関わり方を押し付けないということです。関わる期間や、どのような関わり方をするかは、お一人お一人にお任せしています。

子ども達と直接関わっていただくボランティアや講師の方にも、私たちが大切にしていることをお伝えした上で、思うように関わっていただいています。子どもへの具体的な関わり方についての講習などはしたことがありません。子どもの主体性が尊重されるのと同じように、大人の人にも主体性を持って関わってほしいと思っています。

生きていると、毎日同じ日というものは一つもなく、状況も日々変化していきます。ある日突然、何かしらのご縁でＡＳＯＶＩＶＡに辿り着き、ボランティアに来てくださる方もあります。そしてまたある日突然、また次のご縁へと繋がっていくこともあります。

また、同じ人生というものも一つもなく、一人の人が生きてきたこれまでの物語や背景から表現される言葉や振る舞いや所作の全てが、その人らしさを伝えてくれています。子どもたちには、「こんなにも人って一人一人違うんだ」ということを、その人との関わりを通して感じて受け取ってほしい。そして、自分はどんな感じ方や反応をしているのかを感じ、本質的な【表現の豊かさ】を味わってほしいと思います。

・同じ言葉でも人によって感じ方が違うな
・人によって自分の態度が変わるな
・緊張する時とリラックスしている時の違いってどんな時かな

・あの人の使ってた言葉を使ってみたらどんな感じかな

意識していなくても、様々な人たちとのバリエーション豊かなコミュニケーションを通して、知らず知らずのうちに子どもたちの表現も豊かになっていきます。語彙力や表現力は、インプットの量に比例するからです。

こういう時はこういう言葉がけをする、といったマニュアル的に統一されたものに従った関わりをしていた場合、何か摩擦が起きた時に、その大人は「そう決められているから」「そう指示されたから」で終わってしまい、自分が出したコミュニケーションについて深く考えてみる機会が持てないのではないでしょうか。

場合によっては、誰かから反発を受けることがあると思います。ASOVIVAでも「圧に感じて意見が言えない」「言い方が怖い」など、子ども達が年長者やスタッフに伝えてくれたことがあります。その度に自分の関わり方について振り返り反省したり、対話を繰り返したりしてお互いの理解を深めることができます。お互いに対等な存在として、一人一人が主体的に関わり合う場を形成していくことで、共に学び合える環境が醸成されていきます。

『神さまだらけ』

ASOVIVAにはVIVA神さまがいます。ここまで歩んでくる中で、「神だ」「女神だ」と思うような人たちが、代わる代わるやってきて助けてくれたり、天の采配、神計らいとしか思えないようなタイミングで次の段階へと進んでこれました。思うようにいかなかったことも、思いもよらないことが起きることも、勿論ありました。

【越えられない試練は与えられない】という言葉は本当だと思います。困難に直面する度に、自分たちに与えられている課題が見つかり、越えるためのサポートも、支えてくださる皆さまから与えられました。

「こんなことってある?」と泣き言を言い合いながらも、乗り越えてみると自分たちの意識がそれ以前よりも拡大し、軸がしっかりしているのを実感することができました。

多くの人に支えられているし、人以外の何か大いなるものに動かされているような、不思議な感覚もある。そんな感覚が積み重なっていくうち、いつしかスタッフの間で、「ＶＩＶＡ神さまがいるに違いない」と信じるようになりました。

自分たちの考えの範疇には収まらない、人知を超えた力に導かれている。と、見えない世界の存在も確かにあると捉えることで、目の前に来たことが不本意だったとしても、「これも必要なことなんだ」と素直に受け止めて向き合うことができていると思います。

ここは、ＶＩＶＡ神さまに導かれてやってきた人たちみんなで作っているコミュニティ。だから、みんなが神さま、女神さま。もちろん、子ども達も。そんな意識でいることで、とても人間くさい場所で在りながらも、人間的な感情に飲み込まれることなく、畏敬の念を持って取り組めています。

『ご縁とご恩』

様々な場面でご縁ある方々に助けていただく度に、「どうやって返せばいいんだろう」と思います。何かの折にはお返ししたいと思っても、ASOVIVAはまだまだ「運営基盤をどう作ればいいか?」を模索し続けている段階で、名案も秘策もなく、不安定な中で何とか続けている状態です。様々な活動をされている方を「応援したい!」「この機会にお返ししたい!」と思っても、お金を回せないことが多々あります。

そういう状態ですから、スタッフそれぞれも何とか生活ができる金額のお給料で暮らしており、ASOVIVAとしてできないなら、個人でしようと思っても、やっぱり無力さを感じることばかりです。

直接お返しができないのにご恩ばかりが貯まって、それでもまだお願いをし続けている自分たちの現状が辛くなり、継続していくことの困難さに途方に暮れることがあります。

学校と家以外に行ける第三の場を求める子ども達は増えているはずなのに、立ち上げの段階で立ち消えたり、立ち上げても短期間で閉じてしまうスクールも少なくありません。また、自分の子どもにとって必要な時期に居場所などを始めても、子どもの成長と共に必要がなくなって閉じられるケースも多いそうです。

全体として子どもの数は減り続けているのに、学校以外の場を求める子の数は増え続ける。オンラインスクール、放課後等デイサービス、フリースクール、オルタナティブスクールと、年々、不登校の子どもを対象にしたビジネスが増えていきますが、その全てに「お金」が絡み、【すべて国民は、法律の定めるところにより、その能力に応じて、ひとしく教育を受ける権利を有する】という権利は、法律の定めがより良くアップデートされない限り、等しく守られることはありません。【その能力に応じて】の能力とは、経済力と言われているようにすら感じますし、実際それが現実です。

私たちはこの点に大きな葛藤を抱えているため、利用料金を自走できる金額まで上げることに舵を切ることができず、不足を補うための収益事業を確立することもできず、皆さまにご寄付をお願いし続けています。

時代の変化、子ども達を取り巻く状況の変化に、法整備も現場での対応も追いついていない。「準備ができたら取り組もう」と思っていては、今、子ども期を過ごしている人たちはあっという間に大人になってしまいます。目の前には、行き場や受け止められることを求めている子どもたちがいるのだから、国や大人の都合は度返しにして、何とかしていくしかない。どの現場の方も、そんな思いで取り組まれています。

私たちも、「何もかもはできないけれど、何もできないわけじゃない。できることをし続けよう」という思いです。ＡＳＯＶＩＶＡを応援してくださる方は、きっとそういった思いに共感してくださっているのだと思います。

「自分も子どもの頃にこんな場があったらよかった」

「自分の知り合いにも、行き場のない子がいる」

「自分の子は学校に楽しく通っているけれど、こういった場があるというだけで心強い」

「子どもにも大人にも、こんな場が必要だと思う」

「これからの人材教育に必要なことが詰まっていると思う」

これらは、直接の当事者ではない方達から頂いてきた言葉です。私たちの社会は、「自己責任」という言葉に縛られ、「人に甘えたり頼ったりしてはいけない」という風潮が強いように思います。また、多数とは違う在り方や行動を選択することを恐れる傾向も強いようです。

ですが、自分の自由意思で選択できる状態で選んだことに対して結果を引き受けることを自己責任と言うのであって、他にどうすることもできずに選択したことや、何かしらの圧力によって選ばされたことを自己責任論で済ませるのはとても乱暴なことです。

分かりやすい例が運動会や塾通いです。強制的にさせられている運動会の練習で不真面目な態度を取っていると、「やる気がない」と叱責されたり、罰が与えられます。参加するしないの選択肢があったのでしょうか？　親の意思で塾通いをさせられ、宿題をしなかったり、テストの点数が悪いと叱責されたり罰を与えられるのも同じです。

こういった場合、叱責されるべきは子どもではなく、子どもの意思や人権を無視して強要した大人側の虐待行為です。

また、自由に選べる状態だった場合にも、間違いや失敗に対して叱責や否定を受ける環境で過ごし続けると、何かが起きた時の対応力が身に付かないだけでなく、自己肯定感を失い、人の失敗や間違いにも厳しい人格が形成され、間違うことを恐れて行動を起こせない大人に成長していきます。

私たちが育ってきた社会は、どうやら何やら、何ともし難い息苦しさと隣り合わせにあったようです。だからこそ、人ごととは言え、他人ごととは思えない。社会全体に漂っている重苦しさが、子どもたちの生きづらさや孤立を生み出し、その親もまた然りだと感じているから、多くの方が応援し支えてくださっているのだと感じています。

皆さんとのご縁は、私たちの意図で選りすぐって指名した方達ではありません。始めは、知った方々に思いを発信しましたが、全ての人が共感し呼応してくださったわけではありません。今では、全く面識のない方からもご支援が届いたり、私たちの知らない方からASOVIVAのことを聞いて見学に来られる方もいらっしゃいます。

こうして多くの方がASOVIVAに繋がってくださることで、【ご縁】とは、誰かが意図的に繋ぐものではなく、見ず知らずの人であっても、様々な因によって繋がり合っている全体性のことだと、学ばせていただきました。

個人の困りごとを、自己責任論で個人の範囲に押し留めてしまう社会が、分離や孤立を生み出しています。本当は、みんながご縁によって繋がっていて、影響を与え合い関わり合って生かされているのだから、「ここにこんな困りごとがあるよ」と、もっとオープンにして伝え合った方が良いのだと思います。隠す必要もないし、一人や一家庭で何もかも背負い込むこと自体が、本来の在り方から外れた不自然なことだったのではないでしょうか。

ご縁を深く感じるにつれて、ご恩についても気づかせていただいたことがあります。本章の冒頭に書いたように、「いただいたご恩をどう返せばいいのだろう」とジレンマを抱える日々でしたが、みんなが繋がっているのだから、今、自分たちができることを、できる相手にしていくことが、巡り巡って、恩を与えてくださった方の元へ返っていくのだと考えるようになりました。

私たちの在り方や行いが、巡り巡ってご支援くださっている見ず知らずの方々にまで影響を与えていくのだと思うと、「今だけ・金だけ・自分だけ」と利己的になっていないかと内省せずにはいられません。

子どもたちにも、自己責任論ではなく、意思の尊重の上に成り立つ「自由と責任」や、間違いや失敗を責めるのではなく、「どう対応すればよいか？」「次はどうするのが良いか？」と考え、最善を見つけ行動していく力をつけるためのサポートをし続けたいと強く思うのは、ＡＳＯＶＩＶＡが、皆さんからそう育てていただいてきたからです。

スタッフそれぞれの言葉で「人との繋がり」について綴ってみました。

ちーか

「人とのつながりと聞くと、心でつながっている、ということをわたしはイメージする。それは細い線のようだったり、太いパイプのようだったり、人によってさまざま。人とのつながりって、大事だよね、ということもよく聞くし、本当に何より大切なことだと思う。

どういうことが、つながっている、ということなのだろうか。心を通わせる・心を交わせるに近いかもしれない。少しでもお互い何か伝え、受け止め合えたら、細いつながりがそこに生まれ、対話を重ねることで、その線が太くなっていくイメージ」

かおりん

「私の父はコミュニケーションがとても不器用でした。そして母は、コミュニケーションが下手な訳ではないのに、人付き合いに苦手意識が強い人でした。仕事をしていたこともあり、ＰＴＡ行事や子ども会などはほとんど不参加でしたから、私の子ども時代の人との関わりはとても限定的な世界だったなぁと思い出します。母の苦手意識をしっかり受け継いで、私もずっと人づきあいが苦手だという思い込みを持ち、自分の思いを素直に伝えようと思うと、あちこち震えて涙まで出てしまうほどのあがり症でした。

親から受け継いだものを脱いでいく時期は人それぞれだと思いますが、理想的な時期が思春期なのだと思います。私は残念ながら大人になり親になって必要に迫られてからようやく、『あれ？　わたし、人が好き。人づきあい、したいけど』と気づいた次第です。

でも苦手意識があってずっと避けながら大人になったので、発言するタイミングが分からない、どう伝えたらいいか決められない。声が喉の奥で引っかかって出てこない。という壁を打破していくのにとても勇気や時間を必要としました。

人との繋がりは、『わかってほしい、理解したい、力になりたい、助けてほしい、分かち合いたい、一緒にいたい』そんな思いを自分から伝え始めなければ、作っていけないものなのだと、いい歳になってようやく知りました。『自分から』世界へ足を踏み出し、人と繋がっていくことがどれほど素敵なことかを知った今、『もったいないことをしてきた』と、心底思っています。

いろいろな刷り込みや思い込み、少しの失敗体験。悲しい記憶。そういったものが邪魔をして、子ども達の自ら人と繋がる力が育つことが止まってしまっているなら、不器用ではあるけれど、『私から』その世界の扉を開いていきたい。せっかく出会えたみんなと、いろいろなことを共有し、交わし合いたいです」

知愛

「ASOVIVAと切り離せないものはなんといっても『人との繋がり』。

開校当初からASOVIVAは本当に沢山の方々に応援していただいてきました。

何かに挑戦するとき、『見守ってるで！　頑張りや！』『応援してるで！』

悔しいとき、『悔しいなぁ。あんなに頑張ったんやもん』『これも成長の機会！』

嬉しいとき、『良かったな！』『嬉しそうで嬉しい！』『やったなー！』

どんなときも誰かの暖かい言葉や、寄り添いがそばにあったからASOVIVAを続けて来られました。

ひとりぼっち、孤独感はどんなに強い人の心も蝕む。

人と繋がる。それは心が繋がっていて、信頼できて、安心できること。

これからも色んな人と繋がりながら生きていきたい」

第9章

多様な学びの選択肢について

身近な人が学校にしんどさを感じていたら伝えてほしいこと

『学校に行きたくない理由』

子どもが学校に行きたくないという時、その理由が明確なことは少ないということを知っておいてほしいと思います。

「何かしんどい」
「行きたくない」
「嫌だなぁ」

そこには、お腹がモヤモヤする、気が重たい、頭が重たい、身体がだるい、どうしても気が進まない。といったような、不定愁訴があるのですが、それを言葉で伝えることは難しいですし、その原因がどこにあるのかを、子ども自身も把握できていないことがほとんどです。

ですが、大人はどうしても理由を聞いてしまいます。理由を聞かれると、何かもっともな理由を答えなければという思いで、思いつくことを言葉にします。「お腹が痛い」など、身体的な不調を訴えるかも知れませんし、友達や先生に関することかも知れません。勉強や行事などかも知れません。

理由によって、「休んで良い」「休んではダメ」と言われることもあるでしょうし、単純に「熱がないなら行きなさい」で通されることもあります。休むことができず、原因もはっきりしないまま、不定愁訴を抱えながら我慢して登校を続けても、悪化するケースが多いでしょう。では、どうすれば良いでしょうか？

学校に行きたくない理由や背景は様々ですが、大きくは3つに分類できます。

①たまたま何かの原因で一時的に起きただけの、一過性のもの
②いじめや勉強不振など、長期的に解消されていない困りごとがある
③本人の特性と学校の環境が合っていない

それぞれのケースをざっくり説明していきます。

①は、少し休めば復活します。疲れが溜まっていたとか、落ち込む出来事があったなどが原因なので、少し休んだり、家の人に甘えたり、気分転換するなどして、心身が癒されて満たされれば、すぐに回復してまた元気に登校します。

②は、困りごとが長期化しているためストレス度が①よりも高いですし、子ども自身で解決が難しい場合は、ケアやサポートが必要となります。ですが、本人はその原因を分かっているので、本人が安心して相談できる大人が身近にいれば、アプローチの仕方が見えてきます。

③の場合は、まず子ども自身がその原因を認識できていないことが多く、長期化する傾向にあるようです。「どうしてか分からないけど、行きたくない」というのが正直なところですが、理由を求められるので、思いつく理由を口にします。それでは根本的な原因が解消されないため、同じようなことを繰り返して長期化していきます。無理を続

けることによってさまざまな二次障害（摂食障害、睡眠障害、強迫神経症、自傷、チック症、対人恐怖症、適応障害、パニック障害、など）を引き起こすケースも多く、また、②と③が重複することもあります。

以上のことから、どのような原因があるにしろ、まずは「理由を追及せず、休息を取らせて様子を観察する」ことから始めてほしいと思います。「好きにしなさい」と突き放すのでもなく、「休み癖をつけさせてはいけない」と登校を強要するのでもなく、風邪を引いたら家でゆっくり休養を取るのと同じように、安心してリラックスして過ごせる環境下で過ごしている様子を、しっかり観察します。

子ども達は【安心の輪】の中で成長していきます。家庭や家族といった安心できる居場所から外の世界へ出ては、疲れたり傷ついたりして戻り、羽を休めて元気を溜め、励ましを受けてまた外の世界へと踏み出していきます。

①のケースでしたら、何も言われなくても、元気が戻れば自ら登校するでしょう。見守り、状況に応じて甘えられる時間を作ったり、勇気づけを続けることで、成長ととも

に回数も減っていきます。

②のケースでは、困っていること、苦しんでいることについて、子どもから相談があるでしょう。大切なのは、「困りごとを相談できる」「助けを求めてもいい」という安心の場があることです。①のようにすぐに元気を取り戻せない様子なのに、何も話してくれないなら、それまでの関わり合いの中に、躓きがあったのかも知れません。もともと話すのが苦手な子でも、助けを求めても良いと安心できているなら、何らかの表現で伝えてくれます。言葉だけがコミュニケーションではありません。

③は、休んでいると元気です。元気が戻ったからまた登校しようとすると、症状が出ます。行ったら行ったで「楽しかった」と言うこともありますが、身体には正直に反応が出ます。

これは低学年の子に多く見られます。三年生以降になると、②や他の二次障害も起きていることが多いため、「休めるとなったら元気になる」という様子は、あまり見られません。

この場合は、「環境が合っていないのはどの部分なのか？」と、関わる大人同士で連携して原因を見定める必要があります。子ども自身は言葉で説明できない場合がほとんどなので、発達面と環境面の両面から見てみることが大切です。発達特性のために起きているしんどさであれば、その子に合った療育を取り入れることも必要になりますし、感覚過敏などが潜んでいる場合には対応策も必要です。

また、環境調整が可能な範囲であれば学校側に対応してもらうことで、解消されることもあります。

人は十人十色、本当に人それぞれ違います。国が学校だと認める一条校は、押し並べて同じような造りの校舎で、同じような仕組みを持ち、同じような学習方法です。特に公立学校では、特色のある学校はまだまだ数えるほどしかありません。

この環境や仕組みの中に居続けること自体に、とてもエネルギーを費やしてしまう子たちが一定数います。身体を動かしてはいけない時間が長時間続くことが辛い。ガヤガヤと大人数の声が聞こえ続けていることで神経が磨り減る。区切られた時間に合わせることが困難。特定の色の刺激が強くてずっと緊張状態が続く。いろいろな要因がありますが、環境そのものが慢性的に強いストレスになってしまう子と、ほとんどストレスになっていない子では、スタート時点からして格差があるのです。居続けるだけで疲弊してしまう場で、いったいどんな生きた学びが得られるでしょうか？　誰にでも合う環境や教育法などないのに、一つの在り方しかない時点で、始めから公教育は平等なものではないのです。

これまでの長い期間、不登校は子どもの我がまま、子ども自身の問題として扱われてきましたが、それは誤りだったと、私たちは気づくことができました。フリースクールや自宅学習が在籍学校の出席に認定されることも増えました。

学校へ戻すことを目的とせず、第三の場所に繋いだり、民間とも連携してサポートしていくことが大切だと、国も発信してくれました。まだまだ変化は始まったばかりです。関係各所の方々が、学校以外の居場所の現場にいる大人や、子どもの声をたくさん聞き取りながら、一生懸命に考えて進めてくださっています。

一気に何かが変わるには、大きな摩擦も生み出します。より良い変化が起きていくことを信じ、自分たちもその動きを後押ししながらも、今、サポートが必要な子どもたちにできることを、一つ一つやり続けていいたいと思います。

数年後には、状況はまた変化していると思いますが、現時点で、私たちがサポートできることはどんなことか？　情報を集めてみました。

これまで述べてきた通り、まずは子どものありのままの気持ちを否定せずに受け止め、安心して過ごせ、相談ができる場が、どの子にもあることが、何より大切なことです。さまざまな事情で、それができないご家庭もありますし、日頃は家庭で対応できていたとしても、親にも、ほっとできる場や相談できる相手が必要です。第三の居場所や安心できる繋がりは、子どもだけでなく誰にとっても必要だということが前提としてあります。

その上で、その子の特性や発達段階、成長の度合いに合わせて、いろいろなバリエーションの中から、学び方を選んでいけるといいと思います。学校が合わないからフリースクール。という単純なことではなく、一時的に利用するものから長期的に過ごすものまで、そして場合によってはまた学校に通うことも含めて、柔軟にカスタマイズしていける時代になっていることを、ぜひ知ってほしいと思います。

過ごす場や学び方の選択だけではなく、心身の発達成長に関する専門士の方や、経験者に相談できる場もいろいろあります。子どもの課題に対応しているうちに、親自身が、自分の持つ特性や、未解消のままの心の傷に気付くこともあります。

「学校に行かなくても、勉強だけはさせたい」「学校に行かない代わりに、どこか別のところに通ってほしい」という考えから表面的に環境を変えても、また姿を変えて同じ課題がやってきます。「なぜ勉強させたいのだろう?」「なぜどこかに通っていてほしいのだろう?」その思いの下にあるものまで見つめながら、ぜひ丁寧に、子どもが見せてくれている課題を扱ってみてほしいと思います。小さな身体で必死で伝えてくれていることが、とても大切なギフトでもあるのです。

『相談できるところ』

子どもが親に自分の困りごとを相談できない背景には、親が人に相談できない家庭であることも多いようです。「人に迷惑をかけてはいけない」「人の世話になってはいけない」という厳しい観念を持っていたり、「自分が責められる。否定される」という恐れなどが原因です。

人は皆つながり合って生きていて、みんなが誰かの世話になりながら暮らしています。困っていることを教えてもらえなければ、力になりたくてもなれません。一人で抱えず、誰かに相談してほしいと、強く願っています。

①学校関係、公的なもの

・担任
まずは担任に状況を伝えて相談してください。日頃の様子や友達との関わりなどを共有しながら、その子にとって何がベストかを一緒に考えてくれる存在です。学校全体で対応の研修を実施されている学校もあり、柔軟かつ適切な対応をしてくれる学校が増えています。ただし認識や対応には学校ごとの差や対応する人の個人差もありますので、担任に相談しても疑問や不信感が残る場合は、教務主任や教頭、校長など、他の方にも相談してください。学校側のより良い変化を促すことにも繋がります。

・スクールカウンセラー
専門的な立場から、子どもだけでなく保護者の心のケアもしてもらえます。スクールカウンセラーの設置の有無や相談できる日などは各学校にお問合せを。

・教育支援センター（適応指導教室）
各市町村の教育委員会が設置しています。学校との連携を取りながら、主に再登校へ向けてサポートする機関です。学校復帰だけを目的としないサポートへと、少しずつ変化が起きている自治体もあるようです。

その他、公的な機関として、
・ひきこもり地域支援センター
・子ども家庭支援センター
・市町村役所の福祉課
・市町村が設置する相談事業
など公的な相談機関が各市町村に設置されていますが、名称が異なる場合もあります。

②民間のもの

・親の会やフリースクール

経験者の声を多く聞くことができます。住んでいる市町村や近隣のエリアで探すと幾つか見つけることができると思います。同エリア内の情報も得られるので、近隣の親の会の定例会などに参加してみてください。フリースクールによっては、親の会を作っていたり、外部の人が参加できるお話会や個別相談を受け付けたりしています。

その他、地域によっては、様々な世代の人が交流できるような居場所や地域食堂、コミュニティカフェなどを運営されている民間団体があります。社会福祉士や保健師、民生委員など、様々な専門分野の方も参加されていることが多く、困りごとに耳を傾けてくれるだけでなく、地域内のネットワークを駆使し、相談内容に応じて必要な場へと繋いでくださることも。

人の繋がりは見えにくいものですが、網の目のようにセーフティネットとして張り巡らされているものです。

・電話やチャット相談

様々な団体が、電話やSNSのチャット機能を使った相談事業を行っています。「認定NPO法人チャイルドライン支援センター」(https://childline.or.jp/supporter)は、全国の活動団体と協働で活動する法人で、年間一八万件を超える相談が寄せられているそうです。

・オンライン相談や講座、情報提供をされている団体
「NPO法人フリースクール全国ネットワーク」(freeschoolnetwork.jp)
「#学校ムリでもここあるよ」(https://cocoaru.org/)
「多様な学びプロジェクト」(https://www.tayounamanabi.com/)

全国区の代表的な団体をご紹介しました。エリアを限定したフリースクール等のネットワーク団体もあります。

『居場所・学びの選択肢』

一時的であっても、学校以外の場所を活用することは、ぜひ視野に入れてほしいと思います。国も、不登校に関連する様々な課題を重く受け止め、段階的に対策を講じており、じわじわと現場でも良い変化の兆しが感じられるようになってきました。民間のフリースクールやオンライン学習が出席認定になる割合は、数年前に比べると非常に高くなっています。

ASOVIVAでも、希望する児童生徒の九割以上が、在籍する小中学校で出席認定を受けています。

文科省が令和五年三月三一日に出した「誰一人取り残されない学びの保障に向けた不登校対策（COCOLOプラン）」

(https://www.mext.go.jp/a_menu/shotou/seitoshidou/1397802_00005.htm)

の中で、主な取組として左記のように明記しています。

一．不登校の児童生徒全ての学びの場を確保し、学びたいと思った時に学べる環境を整える。仮に不登校になったとしても、小・中・高等を通じて、学びたいと思った時に多様な学びにつながることができるよう、個々のニーズに応じた受け皿を整備。

・不登校特例校の設置促進（早期に全ての都道府県・指定都市に、将来的には分教室型も含め全国三百校設置を目指し、設置事例や支援内容等を全国に提示。「不登校特例校」の名称について、関係者に意見を募り、より子どもたちの目線に立ったものへ改称）

・校内教育支援センター（スペシャルサポートルーム等）の設置促進（落ち着いた空間で学習・生活できる環境を学校内に設置）

・教育支援センターの機能強化（業務委託等を通して、ＮＰＯやフリースクール等との連携を強化。オンラインによる広域支援。メタバースの活用について、実践事例を踏

まえ研究）

・高等学校等における柔軟で質の高い学びの保障（不登校の生徒も学びを続けて卒業することができるような学び方を可能に）

・多様な学びの場、居場所の確保（こども家庭庁とも連携。学校・教育委員会等とNPO・フリースクールの連携強化。夜間中学や、公民館・図書館等も活用。自宅等での学習を成績に反映）

多様な学びの選択肢の例を幾つかご紹介しますので、子どもの発達段階、症状、特性に合わせ、本人の意思を尊重しながら、その時々に合った場や学び方を選択し、健やかな成長に繋げていただきたいと思います。

・ホームスクーリング（ホームエデュケーション）

家庭が主な居場所・学び場です。親子で学んだり、オンラインの学びや家庭教師、その他いろいろなイベントを活用した体験的な学びを、自分らしく組み立てることができます。

・オルタナティブスクール（代替教育）

一条校とは違う学び方をするスクールの総称です。

サドベリー（デモクラティック）、モンテッソーリ、シュタイナー、サニーヒル、イエナプランなど、種類は多岐に渡ります。詳しくは各教育法を実践しているスクールにお問合せください。

・居場所・フリースクール（オンライン含む）

全国各地に、規模も特色も開催回数も様々に活動されていて、オンラインを活用したものも増えています。通える範囲にどんな居場所やスクールがあるかは、前項の相談先を参考にして情報を集めてください。

・留学や旅

保護者がノマド的に仕事をされていて、学校に行かない期間を有意義に過ごすため、家族で旅に出たり、保護者の仕事に同行したり、留学するなど、大きな視野で学びを捉えるご家庭もあります。

・自分で居場所やスクールを作る

もし身近に通える範囲になければ、自分たちの「こんな居場所があったらいいよね」を形にしてしまうのも選択肢の一つです。自宅の一部や、使わずにいるスペースを活用したり、近隣の集会所やカフェのアイドルタイムを活用したりするなど、第三の居場所はアイデアと工夫で幾らでも作りようがあります。

ニーズに合わせて、最初は小さな規模で構いません。親が仕事をしている様子や何かに挑戦してみる姿を間近で見ることが少ない子ども達にとって、一緒に考え悩み行動して自分たちの場を創ってみる経験は、何にも代えがたい生きた学びの経験となることと思います。

私設図書館や、アート工房、秘密基地、工作広場など、大人の趣味を生かした、楽しいサードプレイスがあちこちにあるような町なら、町全体が学び場となります。

在籍する学校とも連携を取りながら、安心してその子らしく過ごし学べる場へ繋ぎ、複数の場を併用しながら、みんなで見守り育んでいけることが大切です。

ＡＳＯＶＩＶＡも毎日来ている子だけでなく、バリエーション豊かに活用してもらっています。幾つか例をご紹介します。

・小学生のある時期に学校に通学しなくなり、ＡＳＯＶＩＶＡに一年ちょっと毎日通った後、学校へ復帰。現在は中学校生活を元気に過ごしていますが在籍はしたままで、時々行事に参加します。

・小学校低学年で学校がしんどくなり、転校。学校と放課後等デイサービスとＡＳＯＶＩＶＡを併用し、長期休みの時期はＡＳＯＶＩＶＡをメインにするなど変動的に活用しています。

・高校に進学したものの環境が合わず、ＡＳＯＶＩＶＡが提携する通信制高校に編入。在宅学習をメインにしつつ、ＡＳＯＶＩＶＡも月に数回活用。

・在籍小学校への通学とホームスクーリングとＡＳＯＶＩＶＡの併用をしている子も数名います。
・ＡＳＯＶＩＶＡをメインにしつつ、好きな習い事を思う存分している子たちもいます。

何より大切にしたいのは、子ども期の過ごし方を、周囲の大人が立場を越えて連携しながら温かく見守り、「自分なら大丈夫」と自己を肯定し信頼し、人とも信頼関係を築ける、生きる土台となる力を育んでいくことです。

どこかのタイミングで、子ども達は必ず自身の未来や進路について向き合う時がきます。その時に、将来に明るい希望を持って前向きに進路について考え、目的を持って取り組めば力を発揮できると信じて挑戦していけるなら、必要に応じて復学や進学も肯定的な選択肢の一つとして考えることができます。

子ども期はあっという間に過ぎていきます。自分を否定し責め続けて過ごしたまま成人しても、様々な生きづらさに繋がり、本来の自分を取り戻すための育ち直しにも長い年数が必要となります。

子ども期だからこそ大切に育んでいきたいものは何か？　失わずにいてほしいものは何か？

そういったことを、真ん中に据えた「子どもを真ん中に」を実現していきたいと願っています。

第10章

子どもと保護者の声

『子どもたちの声』

ＡＳＯＶＩＶＡに通っている子やその保護者はどんなことを感じているか、数名にインタビューしてみました。まずは子どもたちの声から。小三〜高校生までの小中校生六名と、座談会のようにキッチンでお喋りをしながら聞いてみました。六人中、四人は小学生です。

質問内容
①大人に対して物申したいことって何かある？
②今の社会について何か思うことある？

いろいろな言葉が返ってきました。誰の発言かは明記せず、どんな声があったかを箇条書きで紹介させていただきます。一人の子が複数回答しているものもあります。

質問①

「親と子どもに対する対応を変えた方がいい。報連相ができるようになってほしい」

「お金がほしい」

「不登校になっている子について、もっと対応してほしい」

「（教師に対して）教育的指導という言葉で終わらせないでほしい」

質問②

「大人が死んでる世界。赤ちゃんが死んでる世界。コインロッカーとかで」

「ＬＧＢＴＱの論争をツイッターで見てて、くそしょうもないと思った。ガキかよと思えるような言い合いで、解決しようと思ってなさそう。解決したいと思ってる人たちのところに、自分のうっぷんを晴らしたいだけの人が入っていって、いつまでもしょうもないことを言い合っているように見えた」

「ストレスが溜まってる社会」

「幸せのテンプレを決めつけ過ぎと思う。多様性多様性って言ってる割に、適応できてない。子どもの方が多様な社会に適応していってると思う」

「望まない妊娠をしても捨てるのは違う。でも大人がそれをやってる。自分がやったことに責任をもってほしい」

「子どもを育てるだけのお金を稼げないのに少子化対策で子どもを産めって言わないで」

「未来に希望が持てない」

「小学生の時、親に相談できないっていう子がクラスの半数いた」

「子どもを産みやすい社会にしてほしい」

「すぐに炎上しそう。そんな社会は好きではない」

「税金が多すぎておかしい。一八兆円くらい余ってるから増税しなくていいはず」

「社会のことを考え過ぎると生きる理由がなくなってしまうから、考えないようにしてる」


子どもたちは個々に端末を持ち、自分で情報にアクセスすることができる時代になりました。学校に行っている行っていないに関わらず、自分の興味関心に沿って調べることができ、また、自分で探していない情報も、莫大な量を受け取りながら日々を過ごしています。

そんな中にあって、「社会に対して思うことは?」という問いかけ一つに、こんなにもはっきりとした、そして多様な意見が次々と出てくる場を、素直にすごいと思いました。異年齢でのコミュニティの良さでもありますし、自由に発言して良い風土がしっかりと根付いているのを感じられる場面でもありました。

子どもたちは、【社会】というものに対して、全体的にネガティブな印象を抱いているようです。あなたの身近な場でもぜひ、子ども達が見ている【社会】について、聞いてみてほしいと思います。

『卒業する三人の声』

この書籍が出来上がる頃、二〇二四年三月に卒業していく高三の三人にも話を聞きました。開校一年目に入学して出会い、中高生の期間をASOVIVAで共に過ごしてきた三人。性格も考え方も全然違うから、ぶつかり合うこともありましたが、いつの間にかお互いに認め合い尊敬し合う仲になりました。ＡＳＯＶＩＶＡの文化を築く上で、この三人の影響はとても大きいものでした。卒業を前に三人はどんなことを思っているでしょうか。三つ質問をしてみました。

①ＡＳＯＶＩＶＡで大変だったこと
②ＡＳＯＶＩＶＡで得たもの
③学校に行かなくなり、未来が見えなくなっている子に伝えたいこと

詩愛
①運動会や宿泊、クリスマス会やイベント主催など、行事の企画は自分が言い出さなければあまり誰も言い出さない感じがあったから、敢えて自分から企画しているところがあった。自分たちで楽しいことを企画してやっていけるんだよって、みんなに見せたいと思っていた。
②まず一番は友達。それから自信、問題解決力、行動力。

あと、未来への希望。

③みんなと違う選択をした自分をまず誇りに思ってほしい。人目をとにかく気にすることの時代に、王道レールから降りるのは不安だし怖いと思う。

わたしは中二から学校に行ってないけど、後悔なんてひとつもない。あの時あの決断をした自分を誇りに思う。そう思える時がきっと来ると思うから。小さな一歩ずつでいいから、好きなことを見つける冒険を始めてみるのはどうでしょう！

周りの大人の方には、そっと見守ってあげて欲しいです。「あれしたら？ これどう？」とかって言っちゃうと、今のままではダメなんだって思っちゃったりもするから、本人が何か言い出すまで信じて待ってあげて欲しいです。

真菜

①自分の思いを言語化して伝えられるようになるのは大変だった。それから、学校よりもよっぽど自分のイヤな面に向き合わされたと思う。適当に誤魔化せないから、向き合うしかない。それが苦しい時もあった。

みんなも乗っかってくれると思って言ってみたら、そうでもなかったりするし、悲しい、寂しいとか、いろんな気持ちを味わった。

②人との関わり方、コミュニケーションスキルが上がった。最初の頃は、反対意見を言われると負の気持ちが沸いたりしていたけど、今は、そういう考えもあるんだねって思える。

自分が百パーセント正しいという考えをどこかで持ってたんだと思う。でも、どちらが正しいというのではなく、ちょっと引いて落ち着いて客観的に見れるようになった。

人間として生きていくために必要なものを全部得られた気がする。ずっと、死ぬまで役立てられるものを、十代で実践的に経験として得られたのはすごく大きいと思う。

③一人じゃないよ。自分だけもうダメだと思うかも知れないけど、その苦しみを分かってくれる人が、近くじゃないかも知れないけど必ずいる。ふつうに学校を高校、大学まで進んでいくという、世間一般的に王道と言われる人生のテンプレートを自分も生

きていくと思ってたから、そこから外れてしまったという絶望、どう生きていったらいいんだろう?と思ってた私でも、今も生きているから、大丈夫だよって言いたい。自分がやりたいと思うことへのアンテナは張り巡らせておいた方がいいよ。私は長い間、何が好きか、何がしたいかが分からなかった。

保護者さんには、スーパーでもいいから外に連れ出してほしい。自分からは、人目がすごく気になってなかなか出れない。学校の子にも会いたくないと思うし、だんだん外に出て行けなくなるから。

千咲子

①こういう型にはまってたら生きていけるというような場所じゃないから、主体的に動くこと自体が苦手意識があって大変だった。待ってるだけでは、やりたいことができるわけじゃないから、大変やなぁと思った。今もその苦手意識は持ってる。

②人と関わることの大切さを学んだ。同年代からはもちろん、小中学生の皆さまからも刺激を受けて成長のきっかけを貰えたと思うし、自分を振り返る機会にもなることが

沢山あったからこそ、そう思う。

③小中高大と上がって働く、という生き方しか知らなかったから、いざ自分がそこから違う道に入ってしまった時に、どうやって大人になったらいいのかと悩んでいた。ASOVIVAでいろいろな活動をやってみるうちに、ぼんやりと自分のやりたい方向が見えてきたから、焦らずじっくり時間を取って、自分を大切にして好きなことに取り組んでいれば大丈夫だよ。

三人とは、座談会のようにそれぞれの言葉を聞き合いながら、話を聞いていました。全員末っ子の負けず嫌いさんだし、通い始めた頃は中学生だったし、学校に行かなくなった自分を認め切れてはいなかったそうですが、いつの間にか自分のことも人のことも、認められるようになりました。それは、人との関わり合いがあったからこそなんだなと、話を聞いていて改めて感じました。

また、開校時から最年長メンバーとしてスクール運営に参加していた知愛が、十八才になりメンバーを卒業してスタッフになったことで、詩愛と真菜は後を担うのは自分たちだという意識が芽生えていったそうです。メンバーだった時に知愛がやってくれて嬉しかったことを、自分からもしていくようになったと、真菜が話してくれました。

「こうしてASOVIVAの日々を振り返ってると涙が出る」と、真菜が言っていました。約五年という高校生活よりも長い期間を、一緒に過ごしてきました。でも、「もう一回やりたいと思う?」と聞くと、少し考えて、「いや、もう十分やり切ったから、もう一回やりたいとは思わない。次に進んでいきたい」と、力強く答えてくれていました。

卒業後はそれぞれの進路へ進んでいく三人と、来年以降のASOVIVAを想像してみました。

「ASOVIVAとの関わりは、ぜったいに途絶えさせたくない」

「学生生活に疲れたら、ASOVIVAに行ってリセットして、またがんばる」

「おやついっぱい持って遊びに行く」

「みんな、何か行事に誘ってくれたら嬉しいなぁ」

「くつろぎ自由研究室(ASOVIVAが運営するコミュニティカフェ)で誰かがお店をしてくれてたら、食べに行ったり、課題やりに行きたいなぁ」

「それはめちゃくちゃ理想的」

寂しさは募るけれど、その先に広がるイメージはぽかぽかと心が温まる世界でした。

『保護者の声』

保護者の方達はどんな思いで子ども達やASOVIVA、そして社会を見つめているでしょうか？　三名の方にお話を伺いました。

Kさん

「ASOVIVAってフリースクールだけど、一人でも多くの人が心身ともに成長できる場であってほしいと思ってる。裕福で幸福な生活を送れるようになる練習をするところであってほしい。話すことで癒しを得たり、聞いたことでインプットされる。お互いにインプットやアウトプットができているところを子どもたちも見てくれる。

自由と甘えは違うということを、大人も子どもも関係なくここで再確認し、練習し、できるようになったことを違う場で実践してみる。そんな、いろんな種が集まる貯蔵庫のようなイメージで、それぞれがASOVIVAの外へと種を撒いて広がっていくといい。

今の大人は人の目が気になって、子どもに寄り添っていて引っかかることはあると思うが、ほんとは内心では分かっていても、見て見ないフリをしてしまうことも多いと思う。

自分都合で生きている大人が多いが、必ずどこかで帳尻合わせがくる。いろいろな大人がいるから、関わる大人の母体数を増やすことは、良い意味も悪い意味もある。それを子どもたちがそれぞれにどう捉えるのか?というのが、社会経験になる」

Yさん

「子どもが生まれてから子育てについての本を読むようになり、子どもを一人の人間としてちゃんと見てくれる、大人も子どもも対等な立場で関わるといったオルタナティブ教育に興味を持つようになった。幼稚園はモンテッソーリ教育を選んだが、小学校はどうしようかと悩んでいた頃にコロナ禍に入った。学校ではみんながマスクを強制され、子ども同士も話せない、触れ合えないような過剰な感染対策を見て、牢獄のように感じた。ＡＳＯＶＩＶＡに見学に来た時、過剰な対策をしてなくてホッとした。

ＡＳＯＶＩＶＡに初めて見学に行った時は衝撃的だった。同じ部屋の中で歌っている子がいたり、騒いで遊んでる子たちがいたり、一人で読書してる子がいたり、一見カオスな光景が広がっていた。でも、誰も「うるさい！」とか、「一人でいるから可哀想」とかもなく、ただ普通に過ごしている。

それぞれが好きなことをしているから、他人のことには干渉しない。他人のすることを尊重できるとても素敵な子たちだなと思ったし、その場の空気感が心地よかった。

うちの子（低学年）は、とにかく毎日楽しそう。ＡＳＯＶＩＶＡに関することなら何でも自主的にする。朝起きてからの支度も早いし、お泊りの用意も全部自分でしている。ＡＳＯＶＩＶＡが休みの金曜日だけ学校に行っているが、朝はなかなか起きないし、宿題もしない。担任の先生は理解があり、「ＡＳＯＶＩＶＡのような場所が合ってるんですね」と、柔軟に対応してくれている。

本人は、電車通学で遠いけど、距離にめげずに通ってる。それでも通いたいと思うくらい、ほんとに楽しいんだと思う。おばあちゃんから、「毎日通っててえらいね」と言われても、「ただ楽しいから行ってるだけ」と答えるし、「楽しい」かどうかは、すごく大きい要素だと思う。

入ってすぐの頃は私の今までの固定観念が邪魔して、やりたいことばかりしている子どもの姿を見て嬉しくなる反面これで将来大丈夫か?と不安になることもあった。しかしこの一年でスタッフの人たちと話したり、メンバーの子達の生き生きした姿を見て、私の固定観念がどんどん剥がれていった。

この子はこのままでいい。もっともっと好きなことをして、自分の才能を伸ばしてほしいし、私はそのサポートをするだけでいいと心から思えるようになった。そう思ったら子育てがかなり楽になった。

今は、子どもがフリースクールに通っていると言うと驚かれることが多いが、近い将来フリースクールに通う選択肢が、みんなに当たり前にあるといいなと思っている。

ASOVIVAは、子どもが通っているスクールというだけではなく、私の価値観を大きく変えてくれた場所なので本当に感謝している。今のところ要望は特にないけれど、強いて言うなら、外で遊べる場所がもうちょっと広かったら嬉しい」

Sさん

「広範囲で幾つかのフリースクールを調べ、子ども（当時小一）と一緒に行ってみて、本人が一番緊張せずにその子らしく居られたところがＡＳＯＶＩＶＡだった。

男性が苦手な傾向があり、場の雰囲気などに打ち解けるのに時間がかかる上に、そこに居る大人の緊張感や、子どもに気に入られようとしているような気構え感などを敏感に受け取って、あるスクールでは机に座ってすぐ泣きだしてしまうこともあった。

母子分離不安があり、お絵描き教室も離れたくないと泣いたり、おばあちゃん家にすらお泊りに行かなかった子が、ＡＳＯＶＩＶＡには泣かずに行ってしかもお泊りもするので驚いた。

今まで過ごした場にはなかった何かがあるのだと思う。学校でも緊張すると固まって黙ってしまって、じっと見つめるしかできない場面があると、周りの子から気持ち悪い、腹が立つなどいじめられることがあった。ＡＳＯＶＩＶＡは大人も子どもも、受け止め方や共感力が他の場と違うなと感じた。

本人に感じる変化は、話し合いが上手になっていること。今まではすぐに喧嘩になりやすかったけど、『ASOVIVAではどうやって話し合ってるの？』と聞くと、少し考えてから、『私はこう思うけど、あなたはどう思う？』と、喧嘩にならずに話せることが増えている。

その他、創作活動が好きになったり、以前は自分より小さい子に興味もなかったのに、気にかけてよく面倒を見るようになった。

弟（低学年）の方も、それまでは自分の世界にしか興味がなかったのに、人に関心を持って自分から友達に話しかける姿を見て、すごく驚いた。

ASOVIVAに期待することは、活動面は、人数が増えてくると課外活動へのフットワークが重くなってしまうので、自分も含めてボランティアがもっと増えるなど体制が充実するといいなと思う。勿論、不便さの中でどう実行するか？を考えながら進めることも大事な学びだとも思っているし、一番の願いは、どうにかしてずっと存続してほしいということ。

子育てについては、いつも不安を持っている。まだまだ前例の少ないケースだし、子どもの気持ちが落ち込んでいる姿を見たりすると、『このままでいいのかな？　私は間違ってきたかな？』と不安になってしまうし、常に、日本だけでなく海外の教育についても情報を集めながら模索し続けている。

そんな中で、学校や放課後等デイサービスなどで子どもが問題行動を起こした報告を受けると、ただただ『すみません』と、罪悪感でいっぱいになる。そこでは、何も問題が起こらず、みんな仲良く平和な一日を過ごせることが良しとされている感じがする。でもＡＳＯＶＩＶＡでは、いろんなことが起きて当たり前という前提があり、同じ問題行動も問題とせずに、『ここで出せてるなら良かったけど、何かあったんかな？』と聞いてくれる。

罪悪感で終わらずに、子どもがそういう行動をしても受け止めて見守ってもらえてる、ありがとうという気持ちが沸いてくる。他の場では『預かってもらってる』という感じが強いけど、ＡＳＯＶＩＶＡは『一緒に子育てをしてもらってる』という実感がすごくあるし、親も助けてもらってるなと感じる。

大人が管理している感が強い場と、見守り感が大きい場の違いだと思う。もちろん、しっかり管理されている場が良いと思う保護者もいると思うけど、それを求める声に応じ過ぎると、ASOVIVAの良さが薄れていくと思うから、万人受けする場を創らなくていいと思う。

『私たちはこれを大切にしています』という信念を貫いてほしいし、それが良いと思う人たちに集ってほしい。社会全体として、完璧に管理されたものにしかお金を出さないという観念が強いと感じているけど、それだったら、水質水温をしっかり管理している水槽のようなもので、その中で子どもに伸び伸びしてほしいというのは無理がある。

私は、子どもには水槽ではなく海に出てほしいと思うし、海なら当然怪我もするし、波に揉まれることもあると思って送り出している。

売上げを上げようと思うと利用者を増やさないといけないし、そうするとしっかり管理することも求められてしまうと思う。ゆるく小さくでいいから、ずっと海のままで在り続けてほしい」

第11章

未来

ASOVIVAは未来に何を見て どこへ向かうのか

『ＡＳＯＶＩＶＡネットワークの可能性』

現在、ＡＳＯＶＩＶＡには毎月継続して寄付をしてくださっている方が約百名いらっしゃいます。また、年に一回など、不定期で寄付をしてくださる方もいます。更に、ボランティアや講師で関わってくださる方や、ＳＮＳやメールマガジンでの呼びかけに応じて、必要な手助けをしてくださる見守り部隊のような方が、何百名といてくれます。メンバーの保護者さん、同じように子ども達の場を運営されている方達なども含めると、ＡＳＯＶＩＶＡを真ん中に千人を越えるネットワークができています。

メンバー達も、やがて巣立って大人になっていきます。自分が子どもの頃に、多くの大人に温かく見守られ、必要な時にはサポートをしてもらいながら成長した子どもたちは、きっと、大人の立場になったら、次代の子どもたちへ、それぞれの関わり方で温かい眼差しやサポートを向けてくれることでしょう。

これから先、ＡＳＯＶＩＶＡというコミュニティが何かしらの形で在り続けることができたら、この温かいネットワークの安心の輪の中で、未来の子ども達を育むことができると思っています。

多様な人と関わる機会がある中で、多くの大人に愛情のこもった目を向けられて育った子どもたちは、きっとその人生を心豊かな幸福感と共に、力強く歩んでくれる。それが私たちにとっての希望です。

ＡＳＯＶＩＶＡを巣立っていく子どもたちは、どんな仕事をしていくでしょうか。二〇五〇年には、今ある仕事の四七パーセントが無くなるか自動化されるという試算があるそうです。先の読めない時代を担っていく子ども達に、大人が持つ古い固定観念を押し付けるばかりでは、どのように生きれば良いのかの指針を見つけることは困難なこととなり、混乱が増すばかりだと感じます。

いったいどうすれば良いのでしょうか？

令和四年に経済産業省が開催した未来人材会議の資料に、左記のような記述があります。一〇八ページにも及ぶ資料の四ページ目に、まずこう書かれています。

「日本の労働人口の四九パーセントが将来自動化される」との予測もあるが、AIやロボットによる雇用の自動化可能性に関する統一見解はない。

オックスフォード大学でAIの研究をしているチームと予測をして値を出しては見たものの、実際どうなっていくかは分からない。ということでしょうか。それでも、大手企業の役員や大学教授などが、様々な要素を分析考察し、「これから求められる人材像」について話し合われた結果、以下のように結論付けられています。

これからの時代に必要となる能力やスキルは、基礎能力や高度な専門知識だけではないことが分かった。次の社会を形づくる若い世代に対しては、

「常識や前提にとらわれず、ゼロからイチを生み出す能力」

「夢中を手放さず一つのことを掘り下げていく姿勢」

「グローバルな社会課題を解決する意欲」

「多様性を受容し他者と協働する能力」

といった、根源的な意識・行動面に至る能力や姿勢が求められる。

この資料を読んだ時、「あれ？　もしかして、薄々感じてはいたけど、ＡＳＯＶＩＶＡって本当にすごいんじゃない？」と思ったのです。自画自賛と言えばそうですが、この数年で子どもたちが身をもって示してきてくれたことが、この【根源的な意識・行動面に至る能力や姿勢】が培われていると証明してくれていると感じたのです。

この土台の上に、個々の関心や資質に合った分野の高度な専門知識を習得していくことで、次世代のリーダーとなって社会を牽引してくれる可能性を大いに秘めているのではないか。その頼もしい人たちが、更に次の世代の子どもたちを、このネットワークの輪の中で育んでくれる。そんな素晴らしい社会の実現は、絵空事ではないと信じているのです。

『しなやかに変化し続ける』

時代は変化し続け、時にはこれまでの生活様式が突然変化してしまうこともあるのだと、私たちは経験しました。未来へ向けて希望を持って描いているビジョンや行動計画があったとしても、物事は自分たちが考えているようには進まないものだと、知りました。

でも、頭で考えていたものを軽々と超えるような、天の計らいで物事がするすると運んでいくことがあることも、経験してきました。思うようにいかない時に、それをどう捉え、どんな在り方で進めば良いのか？ それが、子どもたちにも高めてほしい「心のレジリエンス」です。

状況をポジティブな視点で受け止め、感情を無視するのではなく行動と分けて考え、自分たちの考えに固執せず、他からの意見も素直に聞き考慮しつつも、楽観的に捉えて柔軟に変化していく。

それを子どもたちがやって見せてくれているのです。大人の私たちにだって、できるはず。そうやって、子どもも大人もなく、お互いの姿を見せ合い影響し合って、ぐるぐるとスパイラルを描きながらみんなで成長拡大していけるコミュニティを、これからも大切に育てていきたいと思っています。

その先に見ているものは、日本の教育の在り方が、より良い方向へとしなやかに変化していくこと。あっちのものをこっちにするような、枠組みだけを変える急激な変化は、摩擦や混乱を避けられません。そのしわ寄せを食らうのは、いつだって、大切な宝物であるはずの子どもたちなのです。

法律や制度が整っていくことを願うと同時に、それだけに任せていては、本質的には何も変わらないままに、混乱の犠牲を生んでしまうのではと、憂慮しています。国や政治のせいにするばかりではなく、自分たちは無力だとただ嘆くのでもなく、私たち一人一人が、影響力を行使できる存在であることを取り戻し、愛ある意思をもって、諦めずにしなやかに変化を起こしていきたいものです。

『頑なに変わらないでいる』

しなやかに変化していきたいと思っている一方、頑固一徹に変わらずにいようと決めていることもあります。それは、これまで築いてきたＡＳＯＶＩＶＡの軸です。この本に詰め込んだ、大切にし続けたいことです。

感覚的な部分も大きいですが、なぜそれを大切にしたいのかは、一つ一つに自分たちなりの思いと根拠があります。それを言語化して、長々と共有させていただきました。

これらを束ねた一本の軸が、変えたくないものです。

一見、良い変化のように思えても、この軸が一ミリでもズレるように感じるなら、その変化は受け入れません。それを見極める感覚を、この数年間で磨いてこられたと思っています。もちろん、これからも判断ミスを起こすことはあると思います。頭を打つこともあるでしょう。そこにはまた、学びが待ってくれています。

でも、この「一ミリもズレがないか？」と、複数の視点から考察していく感覚こそが、人間ならではの能力ではないかと思います。規格化されているようで、されていない。明確なようで、不確か。最後の決め手は、ＡＩではなはじき出せない超感覚からの答えです。

誰に何と言われようとも、この一ミリのズレを感じるなら「否」と言う、融通の利かない不器用な頑なさで、守り抜きたいものがあります。

大人は計算が好きです。すぐにものごとを算段し、できるだけ早く、できるだけ良い成果を得ようと企みます。その算段が本当に子ども達の利益になるものなのか？　それとも、大人が楽をするために、表面的にはきれいに整えられている張りぼてなのか。もっと残念な、子ども達を利己的な思惑に使おうとするものなのか？　そこだけは、守り通したいと思っています。

子どもたちの成長や変化も、長い目で見ていたいですよね。できるだけ早く、少しでも良い変化が起きることを期待してしまい、何も変化がないように思えたり、後退しているように感じると、落胆したり感情的に伝えてしまったりと、ちょっとしたことに一喜一憂してしまいがちなのが、親心だと思います。

ですが見えていないところで、子ども自身はじわじわと成長しています。表面的に見えているものだけでは、本当のところは分からないものですから、すぐに分かったつもりにならず、「ちょっと待てよ?」と、まだ見えていないものを見ようと洞察する目を持ち続けていたいと思います。

『希望の創造』

「ASOVIVAが学校法人になったら面白いね」

「大学のようにするのもいいね」

未来のビジョンは、日頃のお喋りの中で少しずつ、描き足されています。

子どもや大人という括りではなく、学び合いたい人たちが共有でき、みんなで育てていける場にしていけるといいなぁと思っています。制度を活用することと、制度外だからこその柔軟さを混ぜ合わせていけるような、そんなアイデアを模索しています。

誤解を恐れず書きますが、「弱者を支援する」という建て付けを作らないと活用できない制度や助成には、正直なところ、飽き飽きしています。私たちは、全ての人が弱者という立場に立つこともあれば、支援者という立場に立つこともあります。制度とはそういうものかも知れませんが、引かれている線に、不自然さや違和感を感じてしまう自分たちの感覚に、うまく線を引くことができません。物事には割り切ることも必要だとは思います。でも、私たちは生きています。割り切れないのが、命というものではないでしょうか。

制度やこれまでの慣習に、命を無理くり合わせていくようなことを、もうしたくはありません。割り切れないから、子どもたちは学校に行けなくなるのです。自分という存在を、無理くり枠にはめこもうと頑張り過ぎるから、苦しんでいるのです。

新たに制度が作られるなら、みんなの命を安易に線引きしないものであってほしい。これほど多くの子どもたちが、大人たちが、通学や出勤に困難を抱え、社会との関わりを持てなくなっていく社会に、あなたたなら、どんな希望の種を撒きますか？

希望とは、「希望があるからやる。ないからやらない」というものではなく、自らが未来に明るい見通しを生み出して、信じるものだと思うのです。希望を創造しなくなることを絶望と捉えると、子ども達が絶望していく社会とは、大人が希望を持つことをやめている社会とも言えます。

例えば、こんな言葉を耳にすることはありませんか？　または、あなた自身が口にしていませんか？

「世の中そんなに甘くない」
「一人が言ったところで、どうにもならない」
「社会とはそういうものだ」
「きれいごとを言うのは世間知らずだからだ」

日本財団が二〇一九年に行った「一八歳意識調査」によると、日本の一七〜一九歳の若者千人のうち、「自分の国の将来は良くなる」に「はい」と答えた人は、わずか一割にも満たなかったそうです。また「自分で国や社会を変えられると思う」に「はい」と答えた人は二割未満でした。調査された九か国の中でも、国や社会に対しての希望感は日本の若者が最下位でした。

日本の子どもや若者の自己肯定感が低いというのは、これまでもいろいろな調査で明らかにされていますが、大人も同じですよね。自己を肯定せず、希望も持たず、諦めながら暮らす大人がどっさりいる社会。そんな社会で「子ども真ん中」というキャッチフレーズで真ん中に置かれるのは、子どもたちからしたらとても迷惑な話です。

子ども真ん中の前に、私たち大人が忘れてはならないことは、「自分はしっかりと自分の真ん中を生きているか？」と、自らに問い続ける姿勢ではないでしょうか。

子どもたちに将来の夢を言わせる前に、大人が夢を語り聞かせているでしょうか？

子どもたちに進路を決めさせる前に、大人が人生を謳歌しているでしょうか？

「生きるって、素晴らしいことなんだよ」

と、口先だけの言葉ではなく、生きる姿を通して伝えられているでしょうか？

そんな大人が身近にたった一人でも居てくれたら、その人が心の居場所となり、励ましとなり、勇気となり、一人の子の命を支える希望となるのだと思います。ぜひ、あなたの目の前にいるその子に、希望とは何かを見せてあげてください。

スタッフそれぞれの言葉で「未来」のビジョンを表現してみました。

ちーか

「学校や働き方も本当に多様化している。所属するコミュニティが本当に様々になってきている。将来的にASOVIVAは、年齢の制限なく、誰もが通ったり関われるコミュニティになるのがいいと思う。市民大学のように年齢に合わせた講座が開催されていたり、保育園やカフェ、八百屋があったり、小さな村のようにしていきたい」

かおりん

「みんなで作り続ける、完成形の分からないみんなの学び場って、楽しいなぁと思います。ASOVIVAのこれまでの五年間だけでも、顔ぶれが少しずつ変わりながら、その時々の構成メンバーでスクール作りをしてきたので、雰囲気や活動内容がその時々で違います。でもどこを切り取ってもASOVIVAなんですよね。当たり前なんですけど、毎年同じような内容の学びや行事を繰り返すような場ではなく、『今を創る』という連続する風景を、いつまでも眺めていたいなぁと思います。

子ども達はやがて大人になり、親になる人もいるでしょう。人生の中で巡り合うパートナーや仲間や子どもたちと、何かしらASOVIVAに関わってもらえたら嬉しい。今関わってくれている保護者さんやサポーターさん達も、もちろん私も、高齢になっていきますが、縁側でお茶を飲んでお喋りしていたいものです。

これまでの学校とは、ほんの一定の時期だけ関わる場という概念でしたが、年齢に関係なく、遊びと学びの線引きをせず、それでいてお互いに高め合える場にしていきたいです。形はどうであれ、きっとそうなっていくことと楽しみにしています」

知愛
「驚く程に不安はなく。ワクワクする。【大人なんやからもっと大人になってよ！】【もっとしっかりしてや！】ってことある毎に思ってた一五歳。でも今は子どもと大人に明確な違いはなく、ただの延長線上に過ぎない。いつまでも成長過程であると思っている。

だからASOVIVAは、子どもだけじゃなくて大人も通えるようにしたい。

『暮らし×学び×働く』がごちゃまぜな空間って相互作用がたくさんで絶対おもしろい！

おもろい事が好きな人たちでおもろく生きたい！
何が楽しいかわからない？　我慢して当然？
自分の願いに沿うのは自己中？　わがままはだめ？
そんなわけない！　もう終わりにしよう！
もっとわがままに！　我のままに！
たった一回の人生。誰も代わりに歩んではくれない。操縦席にしっかりと座って。
さあ！　望む未来を描こう！」

あとがき（長村知愛）

「カーテンから差し込む太陽の光が痛い」

「平日の昼間に外を歩くことの罪悪感がすごい」

「こんな私に価値はない」

「人生終わった」

これは、ASOVIVAに通ってくれている子たちがしんどかった時に思っていたこと。


私はこれを聞いて、「あぁ今元気に笑ってくれていて嬉しい」と思うと共に、単純な疑問を抱きます。

「なんで、なんも悪いことしてないのに、そんなこと思わなあかんの？」

「社会」「一般」「普通」という普遍的な価値観によって出来上がった無言の圧力によって、自分自身の存在価値までも否定している子がいる。

「生きていてごめんなさい」
こんなに悲しいことがあるでしょうか?
小学生が自分で命を絶つ。
どんなに怖かったでしょうか?
大人が変わらなければなりません。
大人が変えなければなりません。

生まれて来てくれてありがとう。
あなたがいてくれるだけで幸せ。
大好きだよ。
それもあなたの個性。
大丈夫。
と、真っ直ぐ言える大人が必要なんです。
一人でも多くの子どもたちが、そう言ってくれる大人に出逢えますように。

安心できる時間が一分でも増えますように。
どうか、この本を読んでくれたあなたが、愛を紡いでくれますように。

二〇二三年九月

この本の出版にご支援くださった皆さま

（全158名のうち掲載許可をいただいた方。順不同、敬称略）

大阪源流「水の杜」	児島 あや	土屋 聡
巴 眞弓	しょくぱん	ゆうくん
ユーマ	さおりん	安井 伊吹
名方 千恵	西方 智恵美	こちゃっこい
カラーのサロンえにし	中西 信雄	佐々田 あけみ
植田 将斗	比嘉 真菜美	松田 豊
土本 由紀子	植松 千鈴	ふぉれすときっず
岡野 紀子	柳井あつ子	かげあ
八田 陽子	里山わびすけ	木綿 史
辻 淳子	さっちゃん	じろう
木村 基	福井 希帆	内 春美
みなかち	たーさん	四ヶ所 伸一
山本 麻由	佐々木 圭子	りんるい
梶谷 久美子	トンちゃん	やまちゃん
島本 真衣	建石 尚子	ひろむママ
前田 夏穂	浦田 雄一郎	atelier_dire
Ultra's mama	YASUKO	三本木寺子屋助さん
あゆちゃん	伊藤 緑	庄司 真人
前田 かおり	中許 祐里子	満丸亭蜜柑
岡田 全也	長谷川 直子	寺澤 貴子
坂ノ上 卓也	片山 誠	みっちゃん
有住 優子	阿部 竜士	大野 順之
もりしー	K.H	ぐっさん
ubupuph木村絢	横尾 啓子	ふろん

畠中 真咲
遠藤 さち子
木口 文里
関根 美和
七堂 紘崇
島谷 佐佳恵
下井 由美子
ふくのり
南 真樹
らりゆ
松本 かやの
法田阿吽
ゆみちゃん
松井 路代
岸本 美津子
鬼頭 大助
益倉 美木
竹中 仁美
じぃじばぁば
tracy
きみの森カワベ
三品 さち
おがわ あきこ
ま〜ぴょん

安心の遺品整理専門業者
メモリーズ®
横尾将臣

乾 祥子
湯川 まゆみ
Akiko
山田 航
鈴木 知佐子
杉村 勇輔
上田 詩恩
百々 弥薫
菓子工房 やまお
ご縁結びcafe
きもとなおこ
オルタナティブ
スクールカラフル
社会福祉法人こだま
福祉会ヤオヨロズヤ
スバル・トータル
プランニング株式会社
子育て・発達サポート
かもみーる
パン屋　kotubu
だいげん
小林 香代子

ぎゃらりー福
AKO
はれゆき
ちゃんたそ
畠山 寛子
toco.
浅居 春奈
Can
ももちゃん
奥田 由紀
大隅 めぐみ
霜村 美江
福田洋平
えなみ
的場かの代
まおりちゃん
峯 三幸
なつき
上阪 千尋
町　孝幸

多くの方にご支援いただき、本書を出版することができました。
深く感謝申し上げます。

●特例認定NPO法人ASOVIVA
設立年月：2019年5月
役員名（2023年1月現在）
代表理事：長村知愛
理事：吉元かおり、和泉愛、増田靖、井上翔太、森田智子
監事：實樂陸寛

自ら考え育つ環境づくり

2024年3月13日　第1刷発行

著　者　特例認定NPO法人ASOVIVA

文　吉元かおり
編　集　長村知愛、和泉愛、吉元かおり
装　画　長村詩愛
挿　絵　谷口敦紀、島本唯愛、長村詩愛
取材協力　布施和樹、小島美香、島本真衣、山本麻由、長村詩愛
角本真菜、阿部千咲子、ASOVIVAの子どもたち

発行者　太田宏司郎
発行所　株式会社パレード
大阪本社　〒530-0021　大阪府大阪市北区浮田1-1-8
TEL 06-6485-0766　FAX 06-6485-0767
東京支社　〒151-0051　東京都渋谷区千駄ヶ谷2-10-7
TEL 03-5413-3285　FAX 03-5413-3286
https://books.parade.co.jp
発売元　株式会社星雲社（共同出版社・流通責任出版社）
〒112-0005　東京都文京区水道1-3-30
TEL 03-3868-3275　FAX 03-3868-6588
装　幀　藤山めぐみ（PARADE Inc.）
印刷所　創栄図書印刷株式会社

ISBN 978-4-434-33526-6　C0095